杨义先 钮心忻

著

杨义先趣谈科学

通信
那些事儿 下册

拍案惊奇，原来科学家不神秘　　章回说书，果然做学问也很酷

人民邮电出版社

北　京

图书在版编目（ＣＩＰ）数据

通信那些事儿. 下册 / 杨义先，钮心忻著. -- 北京：
人民邮电出版社，2022.1（2024.5重印）
（杨义先趣谈科学）
ISBN 978-7-115-57128-1

Ⅰ．①通⋯ Ⅱ．①杨⋯ ②钮⋯ Ⅲ．①通信技术－科
学家－生平事迹－世界 Ⅳ．①K815.616

中国版本图书馆CIP数据核字(2021)第162873号

内 容 提 要

随着技术的快速发展，通信已经并将继续深刻地影响和改变我们的生活以及社会的各个方面。在通信发展的过程中涌现出了许许多多伟大的人物，我们在教科书、技术专著以及科普书籍中经常见到那些闪光的名字。那么，这些英雄到底都是谁？他们是如何取得这些里程碑式的成果的？他们的背后有什么精彩的人生故事？他们有什么科研经验？他们的故事对我们有什么启发？本套图书分为上下两册，对诸如此类的问题给出了全面系统的回答。

本套图书采用章回体小说的形式，用幽默风趣的语言介绍了数十位为通信技术的发展做出重大贡献的科学家的生平故事，以及那些里程碑式的发现和发明是如何产生的。本套图书可供对通信感兴趣的读者阅读，也可以作为通信从业人员以及相关专业的学生的趣味读物，还可以作为教师授课的有益补充。

◆ 著　　　　　 杨义先　钮心忻

责任编辑　刘　朋
责任印制　陈　犇

◆ 人民邮电出版社出版发行　　 北京市丰台区成寿寺路 11 号
邮编　100164　电子邮件　315@ptpress.com.cn
网址　https://www.ptpress.com.cn

涿州市般润文化传播有限公司印刷

◆ 开本：720×960　1/16
印张：14.5　　　　　　　　　 2022 年 1 月第 1 版
字数：180 千字　　　　　　　 2024 年 5 月河北第 2 次印刷

定价：59.90 元

读者服务热线：(010)81055410　印装质量热线：(010)81055316
反盗版热线：(010)81055315
广告经营许可证：京东市监广登字 20170147 号

前　　言

科学家也分层次。像牛顿和爱因斯坦等这样的顶级科学家是人们永远景仰的对象，他们的传记自然是读者的共同兴趣点。除了顶级科学家，各专业领域中还有很多伟大的科学家，他们的知名度略低一些，但他们也是科学发展过程中的里程碑式的人物，同样值得人们永远纪念，特别是值得相关专业人士充分了解和学习。他们的成功经验对于同行来说可能更有借鉴意义，他们的失败教训更值得我们深思。

作为信息界发展最快的领域之一，现代通信成了全社会关注的焦点。开设通信专业的院校非常多，每年招收的通信类专业的大学生和研究生的人数也在迅速增加，通信类课程和教材更是数不胜数。这些课程和教材有两大共同特点：其一，许多科学家的名字反复出现；其二，这些名字被一笔带过，从而为本套图书的写作留下了有待填补的空白。换句话说，我们在本套图书中将针对通信领域的顶级科学家，以幽默风趣的语言全面系统地回答如下问题：这些伟大的科学家到底是谁，他们是如何取得那些里程碑式的成果的，他们都有着怎样精彩的人生故事，他们都有什么科研经验，他们的故事对我们有什么启发，等等。

具体说来，我们在本套图书中将以喜剧评书的方式，外加魔幻现实主义笔法，从全新的视角重现有史以来电子通信领域各个分支、各个时期顶级科学家的风貌。与以往的"科学家故事"和"科学家传"不同，本套图书绝不做任何简单机械的素材堆积，而是按通信领域的不同分支，以科技进步的轨迹为轴线，通过科学家的现身说法，展现各分支领域的里程碑式的人物、发现和发明，以及整个通信领域的发展状况。本套图书所述的科学家广泛涉及电池、电流计、有线电报、电磁感应、电话、有线通信、通信理论、无线电报、电子学、电子管、无线电广播、电视、微波技术、微电子技术、卫星通信、无线通信等主题。

通信，准确地说是电子通信或简称电信，当然不是突然无中生有的，而是经历了一个漫长的演化过程。在此期间自然少不了众多早期奠基者，他们有的让人类认识了电，有的让人类认识了磁，有的让人类认识了电与磁的相互感应等。因此，本套图书在前 18 回中介绍了若干早期的科学家，他们的成果虽与电信有一定的距离，但确实为电信的诞生和发展铺平了道路。他们当中有让人类认识了磁的吉尔伯特、洪堡，让人类量化认识了静电的库仑、拉普拉斯，让人类认识了（直流）电的伽伐尼、伏特、本生和欧姆，让人类认识了光的托马斯·杨、阿拉果、菲涅耳，让人类认识了电磁感应和电磁波的奥斯特、安培、亨利、法拉第、焦耳、楞次、亥姆霍兹，以及通信理论功臣香农等。

前面 18 回中介绍的科学家为通信的诞生和发展奠定了坚实的基础，接下来的 19 回将介绍若干与电报有关的通信大师，他们分别是静电时期的电报功臣富兰克林，有线电报功臣高斯、惠斯通、莫尔斯，电缆功臣菲尔德、开尔文，电磁波功臣泊松、格林、麦克斯韦、哈密顿、赫兹、亥维赛、洛伦兹、劳厄、闵可夫斯基，以及无线电报功臣波波夫、马可尼、特斯拉、卢瑟福等。电报是最早的电子通信方式，早已被淘汰。可能每个人都听说过"电报"一词，但年轻的读者估计都没见过电报的庐山真面目，除非是在电影、电视和博物馆中。若你有兴趣了解电报的古老历史，我们建议你阅读拙作《通信简史》或《密码简史》的相关章节。不过，从纯技术角度看，电报的"形"虽已消失，但其"神"一直传承至今，甚至还会继续传承下去。比如，莫尔斯电报的编码思路被改良成了如今通用的最优信源编码，用有线或无线电信号传递文字的方法演变成了网络时代铺天盖地的数据传输。

本套图书最后一部分将介绍 20 位以上通信大师，包括电话功臣梅乌奇、格雷（以及布尔瑟、赖斯）、贝尔、爱迪生，电缆功臣西门子，长途电话功臣福雷斯特（以及弗莱明），手机功臣拉玛，电子学功臣汤姆孙、威尔逊、密立根、朗缪尔，照相机功臣达盖尔（以及涅普斯、塔尔博特和赫谢尔），广播电视功臣费森登、贝尔德（以及尼普科）、范斯沃斯（以及佐利金）、瑞利、莱纳德，微电子功臣肖克利、巴丁（以及布喇顿）、基尔比、诺伊斯（以及赫尔尼、列浩辉）等。他们为电话、广播和电视等的发展做出了重大贡献。为啥要将这些人放在一起介绍呢？因为从技术角度看，广播和电视都不过分别是最简单的单向语音电话和视频电话。特别是随着手机功能的进一步强化，人机界面终端几乎都可纳入电话领域，或者说在不远的将来，电话将成为整个信息领域的核心之一。

当然，上面仅是对这些科学家定位的一个参考，因为许多科学家的成就横跨了好几个方面，单独提及某一方面都不够准确。非常遗憾的是，有些科学家的成就很大，但其生平素材缺乏，所以我们无法将其写入本套图书中，比如基尔霍夫定律的提出者、德国物理学家古斯塔夫·罗伯特·基尔霍夫以及 1909 年诺贝尔物理学奖获得者、阴极射线管的发明者、德国物理学家卡尔·费迪南德·布劳恩等。另外，维纳等通信功臣已在《科学家列传》这套图书中出现过，我们在这里就不再赘述了。

在编写这套图书时，我们特别注意把握严肃与活泼之间的分寸。对于科技内容，我们务必严谨；但在介绍科学家的生平事迹方面，我们力求活泼生动，甚至采用了魔幻现实主义的手法，让读者充分享受阅读的快乐，在笑声中轻松了解通信界著名科学家的方方面面。本书尽量忠实于历史事实，并不回避某些科学家的负面内容。这样做的目的就是要强调科学家也是人而不是神，虽然他们取得了伟大的科学成就；科学家并非高不可攀，人人都有成为科学家的潜力。本书采用章回体小说的写作方式，融入了评书、相声和喜剧等许多元素。我们还将一改过去传记的呆板模式，尊重客观实际，把科学家描述成为正常人而非不食人间烟火的异类或完美无瑕的榜样。我们笔下的科学家将是普通人能够接近、学习甚至超越的凡人。

有人说"科学是这样一门学问，它能使当代傻瓜超越上代天才"，但是我们编写这套图书的目的绝不只是想让"当代傻瓜超越上代天才"，还想让当代天才成为当代科学家，成为被"后代傻瓜"努力超越的对象。所以，本套图书的重点不在于介绍科学家们都"干过什么"，而是要深入分析他们是"如何干的"，有哪些研究方法和思路值得后人借鉴，有哪些成功的方面值得我们学习，有哪些失败的教训需要今人吸取。换句话说，如果伽利略的名言"你无法教会别人任何东西，你只能帮助别人发现一些东西"是正确的话，那么我们主要想帮助读者发现"一些东西"，最好是发现"科研成功的共性"，比如科研的动力从哪里来，通信领域的里程碑式的人物、发现与发明都有哪些，科学家的特质是什么，通信科技进步与外界环境之间的关系如何，等等。

本套图书可供对通信感兴趣的读者阅读参考，也可作为通信类专业学生的课外读物。当苦读通信科技内容并陷入"山重水复疑无路"的境地时，你可以通过阅读本套图书放松放松心情。没准儿，读完后哈哈一笑，你就会迎来"柳暗花明又一村"呢！本套图书也可以帮助通信专业的老师活跃课堂气氛吸引学生的注意力，取得更好的教学效果。结合拙作《通信简史》阅读本套图书，也许效果更好。读完本书后，如果你喜欢这种写作风格，我们欢迎你进一步阅读我们所撰写的《科学家列传》和《中国古代科学家列传》。

由于作者水平有限，书中难免有不当之处，欢迎大家批评指正，谢谢！

杨义先　钮心忻

2021 年 1 月 15 日于北京

目　　录

第二十九回

赫兹发现电磁波，天才早逝莫奈何

伙计，你只要听过收音机，那么就一定知道赫兹，而且知道它是频率的国际单位。但是，许多人可能并不清楚，其实这个国际单位是为了纪念本回主角、德国物理学家赫兹，他的全名为海因里希·鲁道夫·赫兹（Heinrich Rudolf Hertz）。

赫兹的主要功绩是他首次用实验证实了电磁波的存在。当然，"电磁波"这个名词对普通读者来说也不陌生，大家在各种新闻和书籍中都会经常听到和看到它。但是，很多人可能并不知道电磁波对人类来说非常重要，它的种类也很多，与你我的生活更密切相关。若按辐射频率的顺序从低到高把电磁波排列出来，那么电磁波可分为无线电波（主要用于广播、电视和通信等）、微波（主要用于微波炉、电磁炉、卫星通信、导航和定位等）、红外线（主要用于遥控、热成像、导弹红外制导等）、可见光（它是人眼可以接收到的一种电磁波，是所有生物用来观察事物的基础）、紫外线（可用于消毒、查验假钞、测量距离、工程探伤等）、X 射线（可用于 CT 照相）、γ 射线（可用于医疗）等。除了上述应用外，其实电磁波还有一些应用。比如，波长为 $2 \sim 25 \mu m$ 且强度适中的电磁波会与体内细胞产生谐振，从而增强微循环，促进新陈代谢，预防和治疗湿疹、痛经、痔疮、冻疮、胃炎、偏头痛、颈椎病、腰肌劳损、外伤感染、横膈膜痉挛、风湿关节炎、面神经麻痹、腰椎间盘突出、神经性皮炎、坐骨神经痛等，促进术后伤口愈合。不过，我们必须指出，有些电磁波会对人体造成伤害。若长期接受过强的电磁辐射，就可能导致流产、胎儿畸形、提前衰老、心律失常、视力下降、听力下降、血压异常、月经紊乱、免疫力下降、记忆力减退、生殖力下降、新陈代谢紊乱，甚至引发癌症等。

当然，除了电磁波外，赫兹还有多项其他重大发现。比如，他发现电磁波与光波同速，且性质相同；发现电子冲击原子并激发出发射谱线时，其能量是分立的。此外，他的成果还促使后人发现了波动方程和光电效应等。非常可惜的是，如此罕见的天才巨星却过早陨落人间，只活了 36 岁！唉，一言难尽，还是慢慢从头道来吧。

话说 1857 年（即咸丰七年，著名数学家柯西去世的那一年）2 月 22 日，赫兹以长子身份出生于德国汉堡的一个条件优越的律师之家。妈妈是一位医生的女儿。爸爸的进取心很强，先是作为律师界的代表被选为市议员，后来成为司法局长官。爸爸对儿子寄予厚望，很重视儿子的早期教育。赫兹也很争气，上中学时一直是班里的优秀生。他不但天资聪颖、悟性出众，还有很强的记忆力和逻辑思维能力，更有强烈的求知欲。他的每门功课几乎都名列前茅，尤其是数学更出色。除了听讲外，他还喜欢动手做实验。

他的这种手脑并用的良好习惯对后来的成功起到了关键作用。

赫兹的课外兴趣很广泛，他喜欢绘画，其素描才华和功底更不一般，甚至还在美术学校接受过正规训练。他对语言文字也颇有研究，能熟练背诵许多古代和现代文学名著，甚至终生都喜欢《荷马史诗》《柏拉图对话录》和《但丁诗集》等。他的外语能力更令人叹服，除了英语、法语和意大利语等常见语种之外，他还在诸如阿拉伯语等小语种方面出类拔萃，以至相关老师很严肃地去他家找他爸爸，强烈建议赫兹今后攻读东方学。他还很擅长木匠活，不但自购了一架木工车床，还正式拜一位木匠为师，按木匠的职业标准勤学苦练。他的技艺进步很快，以至这位师傅也来家访，希望赫兹今后成为一名"小鲁班"。

当然，赫兹也并非全才。比如，他在音乐方面总是跑调，老师虽已竭尽全力，但他仍未取得明显进步。所以，他从未加入学校合唱队。即使是音乐课上的练习，为了不让其他同学被他带跑调，老师只好单独忍受他的"杀猪式嚎叫"。18岁时，赫兹以优异成绩从中学毕业，学校给他的总体评语是：逻辑敏锐，记忆力强，叙事灵巧，数学出色。

中学毕业后咋办呢？他与爸爸协商后，父子俩达成一致意见：进军建筑业，成为工程师。为此，赫兹进入了法兰克福设计局，从事相关工程工作。他既学习必要的实践知识，又提前接受锻炼。一年后，19岁的赫兹考入了慕尼黑高等技术学校学习工程专业。但他很快就发现自己其实并不喜欢工程。特别是该专业的测量、绘图、结构等必修课更让他觉得枯燥无味。显然，赫兹选错了专业。于是，他当机立断，借当年征兵之际，摇身一变就成了一名铁道兵。可哪知刚出"虎穴"又陷"狼窝"。原来部队里机械单调的"操练、行军、再操练、再行军"让他备感压抑和沉闷。做逃兵当然不可能，于是他马上调整心态，把兵营生活当成对自己的一次挑战。果然，他很快就尝到了甜头，某些坏毛病竟被根除了。

20 岁那年，服役归来的赫兹征得父母同意后，将专业换成了数理方向，立志成为科学家。这时，他幸运地遇到了人生第一位贵人——物理老师约里。约里老师不但在课堂上认真教学，还在课外给他开了不少"小灶"，比如推荐他潜心研究拉格朗日、拉普拉斯等数学家的名著，提醒他关注自然科学史，以便理解若干科学前沿的来龙去脉。后来的事实表明，约里的建议对赫兹的成功非常有用。实际上，赫兹对约里的建议不但言听计从，还主动加码。他深入钻研了许多领域的经典原著，对以往的重大科学发现有了全面系统的了解。他不但更加佩服前人的聪明才智，还为自己找到了人生榜样。随着学业的迅速进步，赫兹和约里都意识到，当前这所名不见经传的大学已容不下他这条"潜龙"了。于是，在 21 岁那年，赫兹来到了德国最高学府柏林大学，并拜入顶级物理学家亥姆霍兹的门下。后者是赫兹的第二位也是最重要的一位贵人。

果然是名校出才子。赫兹怀着激动和崇敬的心情进入柏林大学后，宛如一位虔诚的信徒深深地被这里的浓厚学术气息所吸引。在写给父母的信中，他感叹道：这里的学生确实与众不同，教室里常常座无虚席，还有许多人站着听课，甚至连走廊都拥挤不堪。在如此良好的环境中，赫兹的学习热情更加高涨，他如饥似渴地汲取着各方面知识。这里的实验环境相当好，各种先进的仪器应有尽有，任何设备都可随时使用，实验的配套服务也很到位。

果然是名师出高徒。赫兹的非凡天赋和杰出才华很快就引起了亥姆霍兹的关注，于是这位导师经常刻意帮助、培养他，热心回答他的任何疑问，但又从不将自己的观点强加于他。那时，导师刚好为全校出了一道公开竞赛题：用实验验证沿导线运动的电荷作为电流来说是否真的具有惯性。伙计，你若不懂该竞赛题目也没关系，其大意是：若这里的"惯性"被否定，即运动电荷不像运动物体那样具有惯性，那么当时的电动力学主流观点将被实验否定。亥姆霍兹其实对"电荷惯性"持怀疑态度，只是苦于一时拿不出实验证据而已。经过一番巧妙的实验后，赫兹果然没找到"本该出现的电荷惯性"，从而赢得了这次竞赛，于 22 岁那年获得了柏林大学校长亲自颁发的金质奖章。这也是赫兹获得的首个科学奖。后来的事实表明，正是这次竞赛从信心和科研内容两方面将赫兹引向了发现电磁波的大门。

不久以后，导师又以柏林科学院之名，面向全世界提出了另一个竞赛题目：用实验建立电磁力和绝缘体介质极化的关系。伙计，与前面的竞赛题目类似，你若不懂该题也没关系。形象地说，若该实验成功，那就相当于用实验发现了电磁波。其实，电磁波的存在早已在理论上被麦克斯韦预测到了，只是仍苦于没有实验证据而已。虽然赫兹没参加这次竞赛（他正忙于准备博士论文），但是竞赛题目所提出的问题深深地印进了他的脑海里，以至他在 8 年后还会回过头来解决此问题，从而取得了自己最辉煌的成就。这再一次说明，"提出问题"的重要性确实不亚于"解决问题"。

花开两朵，各表一枝。其实，赫兹获得博士学位的过程也极富传奇色彩。他只用了短短三个月就完成了论文所需的全部实验，并撰写了相关实验报告。该报告得到了导师和另一位大科学家基尔霍夫教授的一致好评，他们齐刷刷地亮出了高分，一致同意赫兹参加博士论文答辩。在答辩会上，赫兹应答自如。对于基础理论问题，他描述得清楚而准确；对于经典哲学问题，他更是侃侃而谈，还嫌问题不够刁钻；对于相关专业问题，他也给出了满意的答复。总之，两小时后，答辩委员会给出了少有的好成绩。1880年3月15日，赫兹获得了柏林大学博士学位，这时他刚刚23岁。

博士毕业后，赫兹留校任教，成了导师亥姆霍兹的科研助手，从此开始向发现电磁波的重大成就步步逼近。他在导师的指导下，更加全面深入地研究了麦克斯韦电磁学理论。他经常应邀前往导师家中，一边品茶，一边与导师进行面对面的学术讨论。导师那严谨的科学态度、从容不迫的科研风格和慢条斯理的生活情调都对后来赫兹的攻坚克难起到了重要作用，毕竟做大事是急不得的。导师经常带赫兹参加各种高端会议，他不但结识了众多顶级科学家，还及时掌握了科研前沿的新动向。这激励他勇往直前。这时的赫兹已进入成果高产期，其研究领域横跨热力学、弹性理论、固体力学等。更重要的是，作为一名未来的顶级实验物理学家，赫兹越来越成熟。一方面，他对实验结果总能给出客观冷静的分析，用实验去验证相关理论的能力也越来越强；另一方面，他的实操技巧越来越高，甚至还能亲自动手制作若干特需实验仪器。比如，他吹玻璃的水平竟不亚于专业工匠，能设计和吹制各种试管和器皿。他亲自制作的电功率仪在随后发现电磁波的重大课题中发挥了关键作用。

26岁那年，赫兹跳槽到了名不见经传的基尔大学，担任数学和物理学教授。虽然该大学的教学、科研和实验环境等都完全不能与柏林大学媲美，学术氛围更是差得出奇，但基尔大学给了他一样最重要的东西，那就是时间！的确，赫兹在这里的近三年时间里，几乎可以心无旁骛地做自己想做的任何事情。于是，他系统地思考了电动力学和电磁辐射问题，特别是再次对麦克斯韦的电磁学理论进行了地毯式的梳理，冥冥之中好像已瞄准了那头"巨兽"——用实验证实电磁波的存在。

做实验的基本功练就了，电磁学理论也烂熟于胸了，目标也锁定了。终于，赫兹要发起总攻了。为此，他以实验物理学教授的身份跳槽到了条件更好的卡尔斯鲁厄高等工业学校，并亲自动手对所有实验设备和仪器进行了全面修缮，让实验室焕然一新。时年，他刚好28岁。

可是，当赫兹刚要吹响冲锋号时，才突然发现万事俱备，只欠东风！东风在哪儿呢？这股东风就在该校数学教授多尔的家里。这位多尔教授越看赫兹越顺眼，于是就把自己的宝贝闺女介绍给了赫兹。二人一见面，就立马产生了"量子纠缠"。短短4个月后，多尔教授还没来得及准备嫁妆就乐哈哈地当上了岳父。时年，赫兹29岁。据说，赫兹在谈恋爱时，他的科研并未受到影响。据夫人的回忆，在恋爱期间，他俩在月下看星星时，她看到的是如意郎君的眼睛在闪闪发光，而他将"星星的闪耀"量化成了不同的频率。

爱情的力量是巨大的。虽然"爱情电磁波"不是"物理电磁波"，找到了"爱情电磁波"并不等于找到了"物理电磁波"，但是在"爱情电磁波"的激励下，赫兹很快就找到了"物理电磁波"。1886年10月的一天，赫兹在一次实验中发现了电磁波这头巨兽的"脚印"，用行话来说就是发现了电磁感应过程中的电磁共振现象。此时，他刚结婚三个月。又过了两个月，1886年12月2日，赫兹成功地将该"巨兽"引入了"包围圈"，用行话来说他在两个直线振荡器之间成功地实现了共振，引发了传统物理学中不曾有过的远距作用。在"收网"前，为确保万无一失，赫兹决定再给那头"巨兽"致命一击。1887年，他又对实验进行了改进，在直线振荡器上增加了一个感应平衡器，使得直线振荡器产生的电磁波能激发出感应电流，感应电流又能发射出一种附加电磁波，并产生电火花。1887 年 10 月，30 岁的赫兹总算逮住了这头"巨兽"，圆满地解决了导师在 8 年前提出的竞赛题目。同年 11 月 5 日，赫兹将其成果写成论文并通过导师转交给了柏林科学院。至此，麦克斯韦的预言被证实了，电磁波终于被找到了！

成功找到电磁波后，赫兹并不打算就此罢休，他还要做更深入的研究。首先，他要测量电磁波的速度。伙计，这可不简单哟。别忘了，为了测量清晰可见的光速，人们可是前赴后继花费了好多年的时间。而电磁波则更是看不见摸不着，对其测速当然更难。经过一番努力，赫兹在 1888 年 1 月成功地测得了电磁波的速度，它竟然与光速相同。这再次让大家震惊不已，原来麦克斯韦的预测又对了！接下来，赫兹穷追猛打。既然电磁波与光跑得一样快，那么它们会不会就是同类呢？又经过一年多的巧妙验证，赫兹终于用实验证实了：电磁波具有光波所具有的所有物理特性。原来电磁波与光波还真具有同一性呀！1889 年，赫兹出版了自己最重要的专著《论电力射线》，用事实证明光从本质上说也是一种电磁波。从此以后，光学与电学便合而为一了。书中暗表，此处为啥只描述赫兹所提出的问题，而并未介绍他是如何解决这些问题的呢？这主要是因为一方面解决这些问题的过程太专业，不易说清；另一方面，更主要的是，对于一个想成为科学家的人来说，"提出问题"经常比"解决问题"更重要。

32 岁时，已成为世界著名科学家的赫兹改任波恩大学教授。这时，他转向了理论物理研究，与列纳德教授一起发现了一个重要科学事实，即原子是可渗透的，原子的质量集中在原子所占空间的微粒中。这一重大发现为随后卢瑟福建立原子模型奠定了基础。后来，合作者列纳德教授因此获得了 1905 年的诺贝尔物理学奖。可惜，那时赫兹已去世，因而他与诺贝尔奖无缘。不过，赫兹的伟大已不是任何奖项所能匹配的了。在波恩大学期间，赫兹还取得了许多重大成就。限于篇幅，这里不再详述了。

我们必须指出，赫兹还是一位极富批判精神的科学家，他从不将已有的科学成果看成金科玉律。他有一句名言，很值得重视，那就是"来源于实验的东西也可用实验去修正"。35 岁那年，他出版了生前的最后一部著作《关于电力传播的研究》。这是古今中外少有的一部奇书，它不但介绍了作者的成功，更难能可贵的是还介绍了作者所经历的挫折、失败甚至错误。赫兹的坦荡无私更加令人敬佩。其实，在科研中，有时"失败"也是一种"成功"，甚至可能是更大的"成功"，因为"失败"更能深刻地启迪后人。

赫兹的去世也令人唏嘘。一来，他还非常年轻，正处于最好的年华；二来，他其实没啥大病，只是牙龈脓肿而已，但当时的医生无能为力，以至最终演变为败血症。于是，1894 年 1 月 1 日，赫兹与世长辞，享年仅仅 36 岁！

第三十回

天才专家亥维赛，啃老济公脾气怪

看完本回主角的素材后，我们立即就想起了济公。是呀，若论科学成就，亥维赛是当之无愧的通信大家。因为他首先将多达 20 个方程的麦克斯韦方程组简化为区区 4 个方程，以至电磁波的发现者赫兹都愿将该项成果的优先权拱手相让；因为他首先猜到了大气电离层的存在，从而圆满地解释了无线电为啥能沿地球表面传播；因为他正确地预言了电子的质量将随其速度趋近于光速而增加。难怪虽然他没有学历，只是靠自学成才，但德国哥廷根大学授予他名誉博士头衔，英国皇家学会也选他为院士，英国电气工程师学会将第一枚"法拉第奖章"授予他，国际天文学联合会将月球背面的一个大型撞击坑命名为"亥维赛环形山"。

若论科研方法嘛，嘿嘿，抱歉，还真不敢恭维，因为他主要依靠直觉和悟性，很少进行严格的数学论证和物理实验，而且几乎不遵守公认的规矩，甚至连符号体系都要自创一套。他拒绝参加科学界的一切活动，当时的许多科学家都很难接受他，甚至拿他当疯子。而孤独的他对别人的讥讽完全视而不见，听而不闻，照样我行我素，正如其他高僧都在吃斋念佛、静心修行，而济公偏要"酒肉穿肠过，佛祖心中留"一样。

若论个人生活嘛，他与济公相比有过之而不无不及，何止是"鞋儿破，帽儿破，身上的袈裟破；你笑我，他笑我，一把扇儿破"。至于他的一生究竟是喜是悲，这倒真难说。在常人的眼里，他的一生绝对是悲剧，是少有的大悲剧；但在他的眼里，也许是喜剧，因为他终生都乐观而风趣。他本有多次机会轻松跳出"困境"，但他始终岿然不动。但无论怎样，他为人类做出的巨大贡献都不可磨灭，后人对他的感谢和敬意更不可或缺。

不过，必须指出：正如济公承认"世人若学我，如同进魔道"一样，建议读者也别盲目学习亥维赛。在科研思路上，我们学不会他的神来之笔；在个人生活上，我们更别模仿他那超级苦行僧般的活法。好了，下面有请主角登场。

1850 年，道光皇帝驾崩，咸丰皇帝即位，林则徐也在同年去世。这一年 5 月 18 日，在家中排行老四的奥利弗·亥维赛（Oliver Heaviside）诞生于英国伦敦贫民区卡姆登镇。幼年时，由于患上猩红热，他的听力严重受损，这为他后来的古怪脾气的形成埋下了隐患。爸爸是个木匠，挣钱不多，孩子不少，所以亥维赛从小就穷惯了，反而对钱财没啥感觉，以至穷了一辈子，即使发财机会就在眼前，他也不愿动一下手指或点一下头。妈妈一边在别人家里当保姆，一边在女子小学教书。在小学阶段，他挤在妈妈的班上与姑娘们蹭课。这虽节省了学费，但对他后来的性格产生了影响。

亥维赛曾接受过中学教育，而且在 15 岁那年的毕业考试中得过高分，不过他的几何成绩一直很差。对此，他有自己的一番歪理。由此可见，他其实很早就有了学术主见。他坚持认为"几何学不该建立在公理上，而应当由实验来创立"。他终生都坚持这个奇怪的观点，不断在各种场合呼吁教育界"不要强迫学生从欧几里得几何学起，那是在浪费时间"。他甚至反对学生过早接受逻辑训练，认为"逻辑分析可以慢慢来，反正它是永恒的"。再后来，他开始反对严格的数学证明，认为"拘泥于公式的严格证明只会令科研止步不前"。为此，他还形象地反驳说："难道在搞清消化机理前就不能进食吗？"我们无意肯定或否定他的这些观点，只想指出：一方面，在他后来的整个科研生涯中，这种"离经叛道"的做法简直数不胜数，他自然很难被人们接受；另一方面，他自己的研究确实也缺乏逻辑和数学的严密性，但奇怪的是他依靠直觉得出的大部分结果基本上正确。

由于太穷，从 16 岁起，他就离开了学校。起初，他在电报发明者惠斯通姨父的鼓励下自学了莫尔斯电码，然后成为一家电报公司的职员，负责测量电报速度。很快，他就凭直觉发现了一个奇怪现象：接收电报的速度比发出电报的速度快约 40%。从此，他就开始研究电报信号的传输理论，并在 6 年后连续发表了 4 篇论文，大胆提出了"多路多工电报"的想法。他还很认真地与哥哥一起，在 24 岁那年进行了双工电报实验。这也算如今常见的双向通信的源头吧。在半个多世纪后，控制论创始人维纳高度评价说：通信能发展到如今的双工形式，亥维赛功不可没。

不知何故，亥维赛竟在事业蒸蒸日上之际，在 24 岁那年突然辞职回家，从此开始了啃老生活，一辈子未婚，更无子女。对此怪象，史学家给出了多种解释：其一说他与同事的关系紧张，被排挤出公司；其二说他的听力下降，无法胜任工作；其三说他希望全身心投入科研。无论哪种原因，事实都是他从此真的就成了一位全职业余科学家，一位昼夜颠倒的业余科学家。

两年后，26 岁的他又取得了一项震惊通信界的成果，他修正了此前 20 年由当时的顶级科学家、能量守恒定律的发现者开尔文提出的一个电报方程。这本是学术问题，可不知何故引起了一场轩然大波。工程师视之为异端，学术刊物拒绝发表其论文，政府官员也成了他的对立面，产业巨头更卷入争端，齐声否定他。有人骂他是疯子，有人笑他是狂人。

他真的错了吗？没有！13 年后，开尔文在一次演讲中公开赞赏了亥维赛的改进，对他曾遭受的不公表示同情，还专门写信安慰他说："很高兴你改进了电报方程，只是现在人们还没意识到它的重要性，没能给出全面公正的评价，因为你的论文确实难懂，这才是过去误会的主因。"23 年后，亥维赛电报方程的预言终于被另一位教授证实。与此同时，一家电报公司也独立取得了类似的发明专利。这本该是值得庆贺的好事，结果却又节外生枝，甚至引来了产权纠纷。原来这位教授与这家公司打起了官司，法院将专利权判给了这位教授。这家公司则想釜底抽薪，试图从亥维赛手中买走改进版电报方程，从而夺回教授的发明权。可哪知亥维赛竟不愿得到这笔巨款。这位教授也公开承认其灵感来自亥维赛，并表示愿与他分享专利，可亥维赛压根儿不动心。如今，该电报方程与信息论一样，都成了现代通信理论的重要里程碑。

亥维赛的第一项代表性成就是他在 35 岁那年将此前 30 年由麦克斯韦提出的、由多达 20 个方程组成的、异常复杂的麦克斯韦方程组简化成了区区 4 个方程。从此，它们就以此形式进入了教科书。若只看时间，其实赫兹更早就简化了麦克斯韦方程组，但亥维赛的工作更漂亮。所以，赫兹在1889年3月21日写信给亥维赛说："我非常赞同你的观点，你比麦克斯韦走得远，若他还活着的话，他也一定会承认你的优先权。"

亥维赛还有一项招来抨击的重大成就，只不过这次出手的是数学家。他在42岁那年仅靠直觉就建立了一套算子微积分，但全无严格证明。这在数学界无异于胡说八道，完全不被承认。但后来的事实证明，他再一次蒙冤。他的这套理论在24年后被另一位数学家严格证明，26年后甚至被认为是"19世纪晚期最重要的三项数学成就之一"。

亥维赛的第二项代表性成就是他在52岁那年成功地预言了电离层的存在。他说：大气中存在一个足以导电的电离层，无线电波在这个电离层和地面之间来回反射，从而绕过地表，传遍全球。20年后，英国科学家果然在离地90千米的大气层中找到了电离层。亥维赛的成就还有很多，这里就不再细述了。

很奇怪，亥维赛为啥总像济公那样不被同行理解，不断蒙冤呢？坦率地说，这肯定与他的怪诞性格有关。他到底有多怪呢？反正怪得出奇！

早在26岁时，其他科学家就曾热情地伸出橄榄枝，英国电报工程师协会推荐他为理事。但他只因看不惯某位理事的个人作风，就拒绝参会。后来，他因穷得交不起会费，最终被除名，从此深居简出。有人要给他颁发"休斯奖章"，他拒绝了；美国电气工程师协会要授予他名誉称号，他拒绝了。他从未参加过任何社交活动，贵族的邀请他拒绝，同行的邀请他拒绝，甚至连赫兹等的诚意邀请他也拒绝。

在他39岁时，父亲去世了；在他41岁时，母亲也去世了。从此，他无老可啃，生活更艰难，主要靠亲友的资助和政府的院士津贴勉强度日。他生性好斗，老板们不敢聘他；他的论文不规范，学术刊物拒绝发表，以至他的众多论文都只能在低级的商业刊物上发表。在他44岁那年，三位物理学家见他穷得实在够呛，又怕伤他自尊，便好不容易替他争取到英国皇家学会发放的一笔救助金，结果他却断然拒绝，甚至高傲地说道：救助即施舍，只有那些既无能力也无朋友的人才够格接受施舍。后来，诺贝尔奖得主瑞利爵士亲自出面，向政府反复请求，终于从他64岁那年起，将其院士津贴破例提高到每年220英镑。这笔钱在当时意味着什么呢？答案就藏在生活必需的燃料费中。据他的一位学生的介绍，亥维赛在冬天是这样取暖的：工作前，他先穿上所有衣服，严闭门窗，再打开暖气，只将温度维持在不冻手脚的水平，然后点燃一支雪茄，开始写作。学生们都被屋内混浊的空气憋得难受，只好偷偷溜走。为了节约燃料，他特选了一口薄底锅做饭，烧熟就吃，或一边烧一边吃，绝不多烧一秒钟煤气。但即使如此，每年的燃料费也高达100英镑。

他家门口的信箱里除了偶有亲友来信外，主要就是煤气公司的催账单和法院的传票等。为了不被打扰，他经常先从屋外锁好门，再从窗户爬入室内，再紧闭窗帘。反正他是聋子，任由催债者怎么敲门，他也能心无旁骛地遨游在科学的海洋中。后来，法院搬走了他的家具抵债。再后来，在他71岁那年，催债不成的煤气公司干脆拆了他家的煤气管。邻居见他在楼道里又蹦又跳，便好心邀他进屋坐坐，他却风趣地说道："天才咋怕冷呢？"幸好那年一位法国友人"借"给他150英镑，亲友们也不时支援些蜡烛，他才勉强熬过了要命的严冬。也正是在这一年，他获得了"法拉第奖章"。在隆重的颁奖仪式上，他却大发雷霆，抱怨仪式太奢侈，甚至指责不该用金子制作奖章。直到被告知那只是铜质奖章时，他才露出笑容。

亥维赛在晚年全靠一位好心的片警定时送来食物维生。这位好心人在门口使劲吹哨，才能叫出他来吃饭。即使如此，他仍调侃说自己是社会"蛀虫"，将那些帮助过他的亲友称为"蛀虫会员"，还自封为"蛀虫会长"，常提醒大家称他为"蛀虫阁下"，甚至其签名最后都改为了"蛀虫亥维赛"。

1925 年 2 月 3 日，亥维赛在昏暗的房间里孤独地离开了人世，享年 74 岁。据说，他去世的消息公布后，小偷竟盗走了他即将完成的《电磁理论》第四卷手稿，至今下落不明。唉，亥维赛这位洋济公的一生还真是传奇！

第三十一回

洛伦兹出身卑贱，做科研立地顶天

　　提起"洛伦兹"之名，很多人立马就会两眼放光，急切地说："哦，我知道！"但是，伙计别急，咱先得搞搞清楚，看看你说的那个洛伦兹与本回主角是不是同一个人。在著名科学家中，有好几位叫洛伦兹的人，不但普通人会被搞糊涂，而且科学界常闹出乌龙。君若不信，咱就来简单地梳理一下。

　　从出生地来看，至少有荷兰的洛伦兹、美国的洛伦兹、奥地利的洛伦兹和丹麦的洛伦兹等，而本回主角是荷兰的那个洛伦兹。

　　从年龄来看，至少有 1829 年出生的老洛伦兹、1853 年出生的大洛伦兹、1903 年出生的中洛伦兹和 1917 年出生的小洛伦兹，而本回主角则是大洛伦兹。

　　从学科领域看，至少有物理学家洛伦兹、气象学家洛伦兹和统计学家洛伦兹，而本回主角则是物理学家洛伦兹。伙计，别以为这样就说清楚了，其实还早着呢，因为在著名的物理学家中就有两位洛伦兹，而且他们是小同行，都在揭示电磁波传播速度方面做出过重大贡献。他们才是最容易被张冠李戴的，他俩甚至曾在同一著名物理期刊的同一期上发表过同一领域的两篇论文！

另外，即使"洛伦兹方程"的命名者也至少有两位洛伦兹！

算了，甭绕弯子了，咱就直说了吧。本回主角就是 1853 年 7 月 18 日生于荷兰阿纳姆的亨德里克·安东·洛伦兹（Hendrik Antoon Lorentz）。他是在从经典物理学到近代物理学的发展过程中起承上启下作用的科学巨擘，也是电子论的创立者。他填补了经典电磁理论与相对论之间的鸿沟，导出了爱因斯坦狭义相对论的基础变换方程（即洛伦兹变换）。总之，他既是经典物理学的关门者，也是现代物理学的开拓者。至今，在许多物理著作中，仍常见其身影，比如洛伦兹公式、洛伦兹力、洛伦兹分布、洛伦兹方程等。哦，差点忘了，他还获得过 1902 年的诺贝尔物理学奖呢。

洛伦兹出生那年，他的祖国还真是喜事连连，因为在这一年荷兰诞生了多位名人，比如艺术界有著名画家凡·高，科学界有著名物理学家昂内斯（超导现象的发现者）。此外，这一年还有多位国际名人也陪伴洛伦兹一起来到了人间，比如瑞典著名画家拉森、德国著名科学家和诺贝尔化学奖得主奥斯特瓦尔德、中国著名思想家严复等。仍然是这一年，多个国家都发生了影响历史的重要事件。比如，在中国，太平军攻克并定都南京，随后便开始北伐；在俄国，沙皇下令侵占库页岛；在日本，发生了黑船事件，从此日本打开国门，走上了现代化之路；在欧洲，爆发了拿破仑之后规模最大的克里米亚战争，奥斯曼帝国、英国、法国、撒丁王国等先后向俄国宣战，最终以俄国战败而告终。

洛伦兹的祖先来自德国莱茵兰地区，大多以务农为生。他的父亲是一个小人物，主业为幼儿园的男"阿姨"，同时种有一片水果苗圃。他的生母的命很苦，她虽与前夫育有三子，可很快便有两子夭折，接着前夫也去世了。于是，她只好带着仅存的幼子改嫁给了洛伦兹的生父。可更惨的是，在生下洛伦兹后仅仅7年，她也去世了。两年后，洛伦兹便开始与继母等一起生活。换句话说，幼年时的洛伦兹所面临的第一个严峻挑战便是怀着对生母的深深眷恋，与各种各样的亲人和睦相处，比如同母异父的哥哥、同父异母的弟弟和妹妹、突然到来的继母以及被艰难生活折磨得够呛的父亲等。这样的相处还是在衣食堪忧的情况下进行的，其艰难程度可想而知。生父能不能公平地对待各个孩子，继母会不会偏心，自己会不会误解亲人或被他们误解，出现误解时又该如何处理……总之，问题很多，且每个问题都很棘手。幸好洛伦兹的继母很善良，她不但一视同仁地精心照顾这些孩子，而且培养了洛伦兹的一项惊人本领——超强的融合能力。随后的事实表明，洛伦兹的这项本领在学习、生活和科研等方面发挥了不可替代的重要作用，他的成功在很大程度上也有赖于适时地将这本领发挥成应变能力、借鉴能力和适应能力，用达尔文进化论的专业术语来说就是顺应能力。总之，洛伦兹的童年并未因其生母的过早离世而受到太大的影响。他对继母的感情也很深，以至他在成年后竟为自己的大女儿取了与继母一样的名字，以示感恩。

　　6岁时，洛伦兹进入当地的一所小学读书。他不但学到了常规的小学知识，还额外接触到了数学和物理学等方面的高深知识。这主要得益于该校的创始人蒂默先生，因为他热心科普，还出版过几本物理教材，经常给洛伦兹等优秀学生"开小灶"。事实证明，这一点非常重要，因为他在洛伦兹的幼小心灵里激发出了洛伦兹对科学的好奇心并进而转化成对科学的激情。

13 岁时，洛伦兹进入阿纳姆高等中学，又很幸运地碰到了一批优秀老师，学到了不少重要的思考方法。一位出版过多部物理学著作的老师范德斯塔特更是洛伦兹的贵人，他不但将后者在小学期间被激发的科学热情锁定在了物理学领域，而且使洛伦兹决定从此献身物理学。他还对洛伦兹随后的学习、生活和工作提供了长期的、多方面的、直接和间接的帮助。在中学期间，除了自然科学外，记忆力出众的洛伦兹还对历史和文学很感兴趣。他读过关于荷兰和英国历史的众多著作，还读过许多经典小说，尤其喜欢狄更斯等人的作品。洛伦兹的超强融合能力首先在学习外语方面显现了神威。他迅速掌握了英语、法语、德语、希腊语与拉丁语等多种语言。即使面对一门新的语言，他也能很快根据上下文，推断出相应的语法结构。这当然得益于他的语言天赋，但更得益于他超强的融合能力。他找到了各种语言之间的某种结构共性，然后将自己所熟悉的这种共性推广到新语种，并注意把握其个性。其实，这便是如今所谓的智能翻译的核心，即把语法、语义和常识等层面连成有机的整体，实现语句在不同层面上的转换。

洛伦兹超强的融合能力还体现在他的性格的转变上。少年时的洛伦兹并不善交际，甚至还有点腼腆。即使在亲人面前，他也少言寡语。但在成年后，他的性格发生了翻天覆地的变化，他甚至变成了有名的"铁嘴"。面对各方面的人员，哪怕是敌对国家的科学家，他也能很快找到大家的利益共同点，然后以此为基础，把各方完美地团结在一起。同行们都很喜欢他，召开物理学界重要的国际会议时几乎每次都请他当大会主席。这不仅因为他精通多种语言（当然，这一点确实很重要，其实外语能力对科学家走向世界来说绝对是必要的），而且因为他能准确地理解发言者的意图，更因为他还是一位辩论高手，可轻松驾驭最为混乱的辩论。他曾幽默地说道："即使不吃'物理饭'，单凭我的嘴也完全能养活全家人。"他在成为经典物理学的代言人后，不得不面对现代物理学的挑战，面对经典物理即将"崩盘"的局面，面对自己的地位和荣誉即将受到重大影响的境况，他自嘲地说道："唉，要是我能在'崩盘'前死掉就好了，眼不见心不烦嘛！"当然，他也在积极应对这种局面，很快就取得了重大成就，否则就不能说他是"现代物理学的敲门人"了。

17岁时，洛伦兹考入了荷兰最古老的学府——莱顿大学。在此期间，他不但遇到了众多名师，而且在那位中学老师的介绍下认识了该校的天文学教授凯泽，并与他结成了忘年交。后者甚至将自己的侄女介绍给洛伦兹，成全了一桩美好姻缘。此乃后话，这里暂且按下不表。在大学期间，洛伦兹通过课堂和自学等渠道接触到了当时经典物理学的几个高深理论，比如麦克斯韦的电磁理论、亥姆霍兹的能量守恒理论、法拉第的电子场理论、赫兹的电磁波理论以及菲涅耳的相关理论等。洛伦兹竟给自己确立了一个超级目标：将这些高深理论融合起来！妈呀，这在当时简直就是痴人说梦。不过，洛伦兹就是洛伦兹，他努力将此梦想变为现实，同时也并未影响正常学业。他只用了短短一年时间就学完了大学的所有课程，并闪电般地通过了硕士学位考试。1872年2月，他离开学校，回家准备博士入学考试。

回家后，洛伦兹便开始一门心思研究麦克斯韦的理论。为了有条件做实验，他便在当地的一所学校做了兼职老师。后来，洛伦兹回忆说，他的这段经历可能是他一生中最重要的经历，因为他做出了当时最大胆的设想，即把光解释为电磁现象。洛伦兹于1873年通过了博士入学考试，于1875年12月11日以《论光反射与折射的理论》为题，顺利通过了答辩，获得了博士学位。这篇博士论文正是对他那大胆设想的验证，他基于麦克斯韦理论，圆满地解释了光的反射和折射现象，从而为实现自己的梦想向前迈出了第一步。当然，这一步还有另一个重要收获，那就是他于 1878 年 1 月 25 日被母校聘为理论物理学教授，而获得这一职位又是那位贵人让贤的结果。从此，他便在莱顿大学待了 35 年，并在这里取得了主要的物理学成就。

成为教授后，洛伦兹的性格变得开朗和自信了，"铁嘴功"更是突飞猛进。他一登上讲台便激情四射、口若悬河。尽管备课要花费很多时间和精力，但他很喜欢教学，也深受学生喜欢，被认为"具有一种特质，既和善又单纯，还在无形中与学生们保持了恰到好处的距离"。后来，他的讲义被编成多本教材，反复重印，并被译成数种文字在若干大学里广泛使用。再后来，课堂演讲已挡不住他的热情了。于是，他开始面向公众普及物理学的相关知识。由于他能将复杂的问题讲得很简单、清晰，所以他的演讲备受欢迎。大家都非常佩服他的渊博学问，惊叹他的高明技巧，赞赏他的精炼语言，夸赞他的风趣幽默。这时的洛伦兹主要活跃在国内的学术圈，很少在国外发表论著，甚至极力避免接触外界。看来，他的"铁嘴功"还得再"闭关修炼"一番。果然，后来他"出关"时就能"侃"遍全球无敌手了。

27 岁时，洛伦兹结识了凯泽的侄女。双方一见钟情，闪电般地订了婚，然后在翌年年初喜结连理。婚后，二人生育了两子两女。可惜长子夭折，不过长女很有出息，还成了洛伦兹的学生，继承父业从事物理研究。正是从长女的口中，后人才知道了洛伦兹的生活片断。她说：父亲喜欢挑战难题，而且总能轻松应对；他没有其他天才人物的古怪行为，更无书生酸气；他是一位习惯良好、性格谨慎的学者；他也擅长社交，在雪茄和美酒中总能表现出过人的幽默与交谈天赋。当然，成家立业后的洛伦兹并没忘记自己的梦想，一直在努力迈出第二步，虽然这确实很难。1879 年，洛伦兹继续沿着他的博士论文的思路，向前迈出了小小的第二步。为啥这里要说是"小小的第二步"呢？因为，一来洛伦兹仍只是在"解剖麻雀"，即通过分子学说来研究光的物质特性，揭示光的传播速度、折射率与介质密度的关系；二来类似的结论在 10 年前已由另一位洛伦兹（即本回开头提到的那位老洛伦兹）给出过了。为了同时纪念这两位洛伦兹，如今该结果被称为洛伦兹 - 洛伦兹方程。

洛伦兹实现梦想的关键第三步是在 1892 年迈出的。这次他虽未最终实现梦想，但已不再是"解剖麻雀"了，而是开始考虑一般情况。此时，最典型的成果便是中学生耳熟能详的那个洛伦兹力，即运动电荷在磁场中所受到的作用力。该力的方向可由左手定则来确定，即将左手掌摊平，让磁感线穿过掌心，用四指表示正电荷的运动方向，则与四指垂直的大拇指所指的方向就是洛伦兹力的方向。关于该力大小的表示方法，有两个版本：对中学生来说，该力的大小为带电粒子的电荷量、速度和磁感应强度三者的乘积；对大学生来说，则有更完整的表述，还要再加上"带电粒子的电荷量与电场强度之积"，这是因为在中学阶段没考虑电场部分。

最终使洛伦兹的梦想成为现实的是他在 1895 年迈出的第四步。这时，经典物理学的高峰理论终于被融成一体，成为经典物理学的统一基础理论，即电子论。该理论认为，一切物质的分子中都含有电子，它就是形成阴极射线的粒子。于是，物理学家便可用"物质由带电粒子构成"的假设来解释当时已发现的各种物理现象，把"电磁波与物质相互作用"归结为"电磁波与物质中电子的相互作用"。但是，该理论是否正确，如何验证呢？别急，洛伦兹胸有成竹地用该理论预言了"原子光谱磁致分裂现象"，即如今所说的塞曼效应。一年后，该现象果然被他的学生塞曼用实验证实了！

洛伦兹的电子论把经典物理学推上了最高峰，他本人也因此成为了经典物理学史上最后一位巨人。至此，经典物理学已达到相当完美和成熟的地步，以至当时不少物理学家踌躇满志，甚至认为物理学大厦已经落成，今后物理学家们没事可干了，只需把各种数据测得更精确就行了。然而，大家高兴得太早了，因为有人很快就发现了"经典物理学无法解释"的许多怪现象，特别是光电效应、原子光谱和原子的稳定性等实验事实更接二连三地把经典理论逼进了死角，使经典物理学突然陷入危机，刚建成的经典物理学大厦摇摇欲坠。

人们都说天塌了有高个子顶着，如今经典物理的"天"可真要塌了，于是刚刚成为一代物理学巨擘的洛伦兹就必须顶着了。咋顶呢？当然是老办法，那就是在更大范围内进行"融合"！已经"知天命"的洛伦兹明白，这次新的"高峰融合"不可能由自己一人完成，况且像什么相对论、量子理论等新的"高峰"还在不断涌现，所以，必须立即开始培养后起之秀。于是，爱因斯坦和薛定谔等青年才俊很快进入了洛伦兹的法眼，成为重点培养对象。每当有人前来拜访并寻求帮助时，洛伦兹总是平等相待，从不以权威姿态把任何观点强加于人。洛伦兹为人热诚谦虚，也深受青年理论物理学家们尊敬。爱因斯坦坦称"自己一生中受洛伦兹的影响最大"，甚至崇拜他是"智慧与应变的奇迹"。

作为经典物理学的代表人物，洛伦兹却完全是以科学的态度来对待现代物理学的各种新挑战的。他始终认为"物理学研究的目的是寻求简单且能说明所有现象的基本原理"，所以，他绝不偏袒自己的已有成就。比如，他最早承认量子假说与自己的电子论假说存在深刻的对立。他独立提出了长度收缩的假说，认为相对运动的物体在其运动方向上的长度将缩短，而且给出了长度收缩的准确公式。1899年，他又研究了惯性系之间坐标和时间的变换问题，发现电子与速度有关。1904年，他发表了著名的洛伦兹变换公式，揭示了质量与速度的关系，并指出光速是物体相对于以太运动的速度的极限。正是洛伦兹变换帮助爱因斯坦创立了狭义相对论。后来，爱因斯坦继承了洛伦兹的"融合"思想，进一步创立了广义相对论，甚至试图建立所谓的"统一场论"，要将整个物质世界和谐地统一起来，要全面融合自然界的所有4种基本相互作用（即强相互作用、电磁相互作用、弱相互作用和引力相互作用）。

无论是生活还是工作，洛伦兹始终以开放的心态，以"能融天下难融之事"的精神来对待万事万物。他不仅在学术上富有成就，在人品上也赢得了同时代人的敬重。1928年2月4日，洛伦兹因病去世，享年74岁。爱因斯坦在洛伦兹的葬礼上致悼词时说："他是我们这个时代最伟大、最高尚的人。"

第三十二回

前沿名师育高徒，跳槽劳厄尤突出

1879 年（光绪五年），世界科技界取得了许多重大进步。比如，冯特创立了现代心理学，爱迪生发明了电灯等。也是在这一年，"电磁学之父"麦克斯韦去世，同时也有多位大人物相继诞生。这一年在德国诞生了三位科学巨人：其一是影响现代科学走向、至今仍被称为人类最伟大的科学家的爱因斯坦，他后来受到了纳粹的迫害；其二是发现核裂变反应的著名科学家哈恩，他后来助纣为虐，差一点就替纳粹造出了原子弹；其三就是本回主角马克斯·冯·劳厄（Max von Laue）。他于 1879 年 10 月 9 日诞生于德国柯布伦茨，他后来将尽力与纳粹分子周旋。在恶劣环境下，作为一位德国公民，他守住了做人的底线，没有屈服于威权，更没有趋炎附势。这当然值得所有科学家学习。

在劳厄出生的同一年，还发生了一件大事，使他终生都笼罩在战争的阴云中。这一年德国和奥匈帝国秘密签订了同盟条约。从此，德国开始建立军事集团，为第一次世界大战的爆发埋下伏笔，也间接诱发了第二次世界大战。

劳厄的父亲是一位进取心很强的野战军官，后来因为军功卓著而被授予了世袭贵族称号。这也是劳厄的全名中带有贵族标志"冯"的原因。由于部队经常变换驻守地点，劳厄从小就经常随父亲搬家，在柏林、汉堡、波兹南、布兰登堡和斯特拉斯堡等多个城市的多所学校，走马灯式地完成了早期教育，亲身体验了不同地区的学风和社会氛围。这既丰富了他的人生阅历和见识，也为他后来更频繁地跳槽埋下了伏笔。而正是通过这些跳槽，劳厄直接或间接地接触到了当时的许多科学巨人，为自己随后成为科学巨人创造了条件。

劳厄10岁时已表现出了对科学的浓厚兴趣，并得到父母和老师的大力支持。劳厄15岁那年恰逢著名数学家、生物学家、物理学家、能量守恒定律的创立者、当时德国科学界的代表人物亥姆霍兹逝世，民间再次掀起崇拜科学和科学家的高潮。一位中学老师借机将亥姆霍兹的通俗科普讲演集推荐给了劳厄，这使他不但知道了当时的科学动向，而且立志成为科学家，特别是要成为像亥姆霍兹那样的全才型科学家。仅仅一年后，德国科学界再传喜讯——伦琴发现了X射线。这时，少年劳厄早已按捺不住内心的激动，赶紧叫上两位同学冲进老师家里，成功地复现了伦琴的这个伟大实验。这次实验对劳厄后来的成功产生了重大影响。实际上，劳厄后来也成了继伦琴之后第二位在X射线研究方面取得重大成果的诺贝尔奖得主。从此以后，劳厄立志成为科学家的意愿和信心都更强了。

19岁那年，刚刚中学毕业的劳厄按国家规定服了一年兵役，接着就开始了让常人眼花缭乱而对他自己来说也许是有条不紊的快速跳槽生涯。如今回头再看时，他的频繁跳槽就像勤劳的蜜蜂在争分夺秒地采集百花之精华，况且这些花朵可不是一般的花朵，而是科学界最灿烂的花朵，它们的主人都是当时各领域的全球顶级科学家。劳厄的跳槽到底有多么频繁呢？这样说吧，他差不多每年都在跳槽，甚至在同一所大学里还有"多进官"式的反复跳槽。比如，他在 20 岁时进入斯特拉斯堡大学学习数理化，21 岁时转入哥廷根大学研究光学，受到了该校多位著名教授的重大影响。以"福格特效应""福格特剖线"和"福格特符号"而著称的福格特教授将劳厄引入了电光学的大门，被称为"数学界无冕之王"的天才中的天才数学家希尔伯特让劳厄领略了数学的神奇魅力。22 岁时，他又到慕尼黑大学读了一个学期；23 岁转入柏林的洪堡大学，一边在量子力学创始人普朗克的指导下撰写博士论文，一边听取了另一位教授的一门重要课程——干涉谱线和热辐射。这门课程对劳厄的影响巨大，他不但将这门课程的若干精华融入了博士论文，而且对干涉现象有了深刻的理解，以至最终取得了自己的代表性成果，用干涉方式证明了 X 射线是电磁波。

24 岁时，劳厄获得洪堡大学博士学位，然后留校担任导师普朗克的助手。但他很快又跳槽，第二次进入哥廷根大学任教。不过，他只在那里待了两年，在 27 岁那年第二次回到洪堡大学，再次成为普朗克的助手，重点研究热熵和光波等，同时开始研究此前一年才由自己的同龄人爱因斯坦提出的相对论，并被其全新的时空观念所震撼。仅仅一年后，他就利用光学实验证明了相对论的速度叠加理论，然后马上专程拜访爱因斯坦，从此两人成了终生的挚友。

30 岁那年，劳厄第二次跳槽到慕尼黑大学。当时该校的著名教授索末菲开设了一个颇具魅力的物理学前沿问题研讨班，引来了包括劳厄在内的许多青年物理学家。后来的事实证明，这个研讨班确实是人类历史上罕见的，它不但使索末菲成了量子力学与原子物理学的开山鼻祖，而且使索末菲成了培养诺贝尔物理学奖得主最多的导师。该讨论班研讨的主题之一就是 X 射线的本质到底是什么。对此，仁者见仁，智者见智。很多人认为 X 射线是粒子流，但没人能用实验加以证实或否定。也正是在这个讨论班中，劳厄认为 X 射线是电磁波，但如何用实验来证明呢？这下可犯难了。回忆一下，以前科学家们是如何证明光是波的呢？他们无非就是让光通过一个微小的针孔，然后观察到衍射现象就行了，即在透过针孔的光影中找到若干离散的规律性分布的斑点。因此，实验问题就变成了找到能让 X 射线穿过的"针孔"。可是，X 射线的穿透力太强，甚至连无缝铁板都能轻松穿透，若靠人工，哪能造出这样的"针孔"？这时，劳厄若干年来在频繁跳槽中学的知识发挥了让人脑洞大开的关键作用。原来单晶体是各向异性的，在不同方向上，其物理性质完全不同。具体地说，若 X 射线垂直于晶轴发射，它将很难穿过晶体；但若从平行于晶轴的方向发射到晶体薄片上，则 X 射线将穿过晶格"缝隙"。换句话说，这些"缝隙"就是众里寻它千百度的天然"针孔"。

1912 年 4 月，劳厄等人让 X 射线穿过晶格"缝隙"，果然在对面的照片底板上观察到了规则分布的斑点，衍射现象真的发生了。或者说，X 射线的本质确实是电磁波。此消息一出，全球哗然。两年后，诺贝尔奖评审委员会将诺贝尔物理学奖颁给了劳厄，爱因斯坦盛赞该实验为"物理学中最美的实验"。如今，这个实验又被反向用于研究不同晶体的内部结构，即根据不同晶体在 X 射线的照射下所产生的不同衍射图（劳厄图样）来推断晶体的内部结构。劳厄的这个实验的思想对后来的化学、生物学和材料学等产生了巨大的推动作用。半个世纪后，沃森等就是通过 X 射线衍射法发现 DNA 分子的双螺旋结构的。

客观地说，1912 年劳厄等人的结果还相当粗糙。劳厄并非为了获奖而做科研，他在随后又花费了近 30 年时间不断完善，终于完成了 X 射线的动力学理论，为后人证实电子的波动性奠定了基础。另外，劳厄在慕尼黑大学期间的成果不止上述 X 射线实验，他还完成了史上首部相对论专著《相对性原理》，解释了新的时空概念，分析了物体的准光速运动情况，为当时新生的相对论赢得了更多的支持。

功成名就的劳厄当然不会停止跳槽的脚步。在证明了 X 射线是电磁波的同一年，他又背着铺盖卷来到瑞士苏黎世大学任教。两年后，他再从诺贝尔领奖台上一个跟斗就翻到了法兰克福大学。这时，第一次世界大战爆发，劳厄也被卷入战事。37 岁那年，他来到维尔茨堡大学，专门研制军用电报和无线通信所用的真空管，直到 1918 年德国投降。在此期间，劳厄还配合爱因斯坦在柏林建立了一个后来对德国科学的发展产生了重大作用的物理研究所，并担任副所长，负责大部分日常管理工作。

1919 年，40 岁的劳厄第三次回到洪堡大学。这次，他一直待了 24 年，直到 1943 年才被迫含泪离开。在此期间，他取得的科学成就自不必多说，比如在超导领域成功地解释了金属在超低温下的零电阻超导现象。更难能可贵的是，他在德国法西斯统治期间的正直表现为全球科学家树立了良好的榜样。

在法西斯统治下，不少人难以守住做人的底线，但劳厄基本上做到了。当学术自由受到威胁时，他敢于出面捍卫正当权利。1920 年，当某些科学家昧着良心召开反对广义相对论的公开集会时，劳厄冒险与其他几位正直的科学家联名在《柏林日报》上发表公开信予以反击。在纳粹统治最残酷的时期，劳厄也毫不退缩。在爱因斯坦的寓所被抄、书籍被焚、财产被封、人头被悬赏十万马克的 1933 年，在德国物理学家年会上，劳厄在致开幕词时大胆地借用伽利略当年的那句名言"无论如何，它在运动"来讽刺时事。同年，他不顾纳粹分子的威胁，拒绝参加声势浩大的拥护希特勒的集会。在整个第二次世界大战期间，他未参加过任何军事科研活动。1943 年，64 岁的劳厄被纳粹当局强行赶出洪堡大学。这是他一生中唯一的一次被动跳槽，但充分彰显了其人性光辉，当然也付出了沉重代价。他在晚年还因此患上了抑郁症，随时都觉得受到了纳粹的迫害。由此可见他所承受的压力是多么巨大，须知劳厄曾是性格开朗、爱好广泛的活跃分子。他喜欢艺术，尤其痴迷古典音乐。他对历史和哲学也兴趣盎然，还善于滑雪和驾驶帆船，经常攀登阿尔卑斯山，更是资深的摩托车爱好者。

就在被赶出洪堡大学那年，柏林在第二次世界大战中遇到轰炸，劳厄便与当年自己协助创建的物理研究所一起迁入黑欣根，并一直在那里工作到第二次世界大战结束。在此期间，他致力于撰写《物理学历史》一书，所以，他也是一位非常有影响的历史学家。1945 年，劳厄等 10 位顶级德国核物理学家被统一押解到英国，以确认他们在第二次世界大战期间是否曾作为希特勒的帮凶。经确认无罪后，劳厄于 1946 年获释，第三次回到哥廷根大学。1958 年，79 岁的劳厄光荣退休。

仅仅一年多后，劳厄就因车祸在 1960 年 4 月 24 日意外去世，时年 80 岁。后人为纪念他的巨大贡献，将月球背面北半部的一座大型古老撞击坑命名为"劳厄环形山"。

第三十三回

闵可夫斯基真牛，训爱因斯坦似猴

伙计，考你两道难题，请听好了！

第一题，在科学界，谁敢当面骂爱因斯坦是"懒驴"，而且被骂者还不敢还嘴？你以为如此胆大之人还没出生吧。错，他不但出生了，而且早在1864年6月22日就以家中老幺的身份出生在了立陶宛的一个犹太富商家里，此人便是爱因斯坦的大学老师，名叫赫尔曼·闵可夫斯基（Hermann Minkowski）。当年，闵可夫斯基在苏黎世科技大学任教时，爱因斯坦刚好是他的学生。可是，这位学生只痴迷物理学，而置数学于不顾，还经常逃课，以至期末考试前，他不得不靠借阅别人的课堂笔记来突击复习。于是，闵可夫斯基很生气，后果很严重！

若你埋怨上面第一题涉嫌脑筋急转弯的话，那么就请听下面的第二题。在相对论方面，谁的论文连爱因斯坦都看不懂，而且爱因斯坦还得恭恭敬敬地向他请教？你又以为如此牛人压根儿就不存在吧。又错了，他不但存在，还早于爱因斯坦就出生了。他仍然是前面提到的闵可夫斯基。实际上，在爱因斯坦刚提出狭义相对论那年，闵可夫斯基便对这位昔日的"逃课大王"既惊讶又自豪，更着急。他凭数学直觉就在冥冥之中意识到狭义相对论还存在许多有待深化之处，但可惜爱因斯坦的数学功底不够。于是，闵可夫斯基撸起袖子就赤膊上阵了。三年后，他发表了一篇有关狭义相对论的重要论文，将非欧几何引入了相对论研究领域。紧接着，他又在次年发表了一系列论文，把爱因斯坦的学说用几何语言重新解释了一遍。从此，闵可夫斯基之名便与相对论密不可分了。比如，广义相对论的理论架构基础至今仍然被称为"闵可夫斯基四维时空"。更重要的是，这种"数学表示法"的成功影响了包括爱因斯坦在内的很多物理学家，使他们相信"数学能引导物理，甚至理论物理可看成数学的分支"。换句话说，世界的秩序可由数学来描述。爱因斯坦被深深打动了，开始相信"数学也是科学创造力的源泉"。于是在接下来创立广义相对论时，爱因斯坦便从非欧几何出发，在多位数学家的帮助下，最终把引力理论描述成了一种几何理论。即使到后来，为了描述宇宙的加速膨胀而需要修改引力理论时，物理学家仍是从数学角度出发，引入了黎曼几何等理论。若干年后，量子力学的创始人之一、诺贝尔物理学奖得主、闵可夫斯基的另一位学生玻恩说，他在老师的数学成果中"找到了相对论的整个武器库"。时至今日，由闵可夫斯基开创的几何语言仍是了解相对论的最直观、最易懂的方法。实际上，狭义相对论虽很难，但它的"难"并不在于数学的高深，而在于难理解。比如，参考系的变换、时空观的转变等都容易被误解。又如，车库悖论、双生子悖论、潜水艇悖论、自行车悖论等更容易让人摸不着头脑。若无闵可夫斯基的几何思路，这些问题将更难以处理。

当然，闵可夫斯基的科学成就绝不仅限于相对论方面，他其实是一位多产的数学家，或者说学贯数理。他的主要成就横跨数论、代数和数学物理等方面。在数论方面，他深入研究了 n 元二次型，并建立了完整的理论体系。此后，他又完成了实系数正定二次型的约化理论，即闵可夫斯基约化理论。在数学物理方面，他曾协助著名物理学家赫兹研究了电磁波理论，并在电动力学方面取得了不少重大成就。这也是我们为他写小传的主要原因。

闵可夫斯基的故事真正开始于他诞生 8 年之后，因为此前有关他的历史记录几乎是一片空白。他妈妈的情况是啥？不知道。8 岁前，他是如何度过的？不知道。我们可以猜测他拥有一个"不差钱"的童年，毕竟他的老爸曾是大老板嘛。但在他 8 岁那年，他家遭了灭顶之灾，直接从穿金戴银的天堂跌入了饥寒交迫的地狱。沙俄迫害犹太人，老爸拖家带口东躲西藏，最后历经艰险逃到了德国哥尼斯堡，在一条小河边安了家，与对岸的希尔伯特隔河相望。从此，他便演绎了一段仅靠绝顶聪明的头脑成为一代数学大师的传奇。当然，与他一起出演的配角还有他的两位哥哥。大哥遭受的种族歧视最严重，甚至没能进入校门，未受到正规教育，但继承了父亲的经商基因，后来成了一位成功的商人。二哥则成了著名医学家，发现了胰岛素和糖尿病的关联，甚至被称为"胰岛素之父"。二哥的孩子后来成了著名的天文学家、美国科学院院士，还根据光谱特征成功地将超新星分为 I 型和 II 型。

闵可夫斯基登上历史舞台的第一幕相当精彩！他老爸刚放下逃难的包袱，就急匆匆地将 8 岁的么儿送入了当地的一所小学。他上的不是一年级，也不是二年级，而是直奔三年级。一时间，班上就炸锅了，昔日的"学霸"们心甘情愿地围绕在他的周围。同学们在学习上遇到任何问题时，尽管向他请教，而且他保证有问必答，有难题必解，因为他的思维太敏捷了。同学们在课堂上有啥没听明白之处，尽管向他请教，保证会得到回放式的讲解，因为他的记忆力太强了，过目不忘，过耳不忘。若老师有啥没讲清楚的地方，同学们也尽管向他请教，保证会得到更加"接地气"的讲解，让听者顿时如醍醐灌顶，因为他有特异的天生直觉。这一点在他后来的科研生涯中表露无遗。老师因备课不周而被"挂在黑板上"时，同学们也齐刷刷地看着他，那目光分明是在说："闵可夫斯基，赶紧上台解围吧！"在大家的心目中，闵可夫斯基宛若小老师式的英雄，连走路都显得格外威风。他不仅智商高，情商也很高，特别喜欢与人为善。许多被他征服了的昔日"学霸"，包括后来的著名数学家希尔伯特等，都成了他的好友，甚至是终生好友。此外，勤奋不已的他不仅具有出众的数学天赋，而且全面发展。他熟读了莎士比亚、席勒和歌德等人的经典作品，甚至能将《浮士德》倒背如流。本来需要读 8 年预科学校，他却只用了 5 年半就毕业了。然后，胸怀大志的他与希尔伯特一起进入了哥尼斯堡大学。不久，他又转入柏林大学。三个学期后，他再回到哥尼斯堡大学。在大学期间，他先后受教于一大批顶级科学家（比如亥姆霍兹、克罗内克、魏尔斯特拉斯、胡尔维茨、韦伯等），并获得了大师们的一致好评。韦伯在写给另一位著名数学家的信中曾特意提到了闵可夫斯基的过人天赋。闵可夫斯基与胡尔维茨也成了终生挚友。

闵可夫斯基人生的第二场戏发生在他读大学期间。这次若再用"精彩"来形容，那就不够了！哪怕选取低调一点的形容词，也至少该是"震撼"吧。他不再是把其他"学霸"甩出几条街，而是直接上演了一出惊心动魄的、洋人版的"武松打虎"。1881 年，在数学顶峰出现了一头"吊睛白额大虫"。此虎虽未伤人，但挡住了数学家们的去路，让数学家们寸步难行。于是，法国科学院面向全球公开发榜，声称谁若灭掉此虎，便将获得一大笔奖金。此虎生得啥样呢？它是这样的一道数学难题：试证任何一个正整数都可表示成 5 个平方数之和。

重赏之下必有勇夫。榜单一出，哗啦啦，一大帮数学家就蜂拥而至。17 岁的闵可夫斯基少不更事，也糊里糊涂地来凑热闹。可是，一年过去了，他全无半点进展。他本想放弃，但又怕同学耻笑，只好硬着头皮往前冲。

闵可夫斯基最终提交了一篇长达 140 页的论文，远远超出了榜单要求。他后来在此基础上再接再厉，得到了如今著名的闵可夫斯基约化理论和闵可夫斯基原理，开创了数的几何和凸体几何等新领域。

1883 年春，法国科学院郑重宣布：两名科学家最终获胜，其中一位是年仅 18 岁的闵可夫斯基，另一位则是年近花甲的英国著名数学家史密斯。但非常遗憾的是，后者竟在领奖前驾鹤西归了！

这样一来闵可夫斯基威名大震，但他一直虚怀若谷，尊重老师和同学，总喜欢帮助别人。比如，希尔伯特的文字功底较差，他便经常帮助其修改论文。1885 年夏，闵可夫斯基从哥尼斯堡大学取得了博士学位，然后服了一段短暂的兵役。1886 年，他被波恩大学聘为讲师。1891 年，他升为副教授。1894 年，他又回到哥尼斯堡大学任教。1895 年，他接替希尔伯特的教职，担任哥尼斯堡大学教授。转年，他又跳槽到苏黎世联邦工业大学，然后在这里上演了几出"喜剧小品"。

第一个"小品"的配角是 17 岁的爱因斯坦，此时他刚好是闵可夫斯基的学生。这位学生相当调皮，宛若取经途中的孙悟空。他的综合成绩很差，在全班总是稳拿第 4 名，因为那时全班只有 4 名学生。所以，他便被闵可夫斯基骂为"懒驴"。当时，爱因斯坦严重偏科，他对待物理和数学的态度简直就是冰火两重天。他误以为初等数学原理对表达物理学的基本内容来说已足够了，甚至觉得高等数学枯燥无味。再加上他那桀骜不驯的性格和经常逃课的"行为艺术"，他自然就会受到闵可夫斯基的训斥。

其实，闵可夫斯基还是非常喜欢爱因斯坦的。有一次，爱因斯坦向他请教："如何才能在科研和人生道路上留下闪光的足迹，做出杰出的贡献呢？"只见闵可夫斯基笑而不语，就像当年菩提老祖点化孙悟空那样，带他走进了一个建筑工地，让他踏上了刚铺好的水泥地面。在工人们的呵斥声中，爱因斯坦一头雾水。这时闵可夫斯基很认真地说："懂了吗？只有这样才能留下足迹。只有在新领域，在尚未凝固的地方，才能留下深深的脚印。那些凝固已久的地面，那些早被无数人涉足的领域，你就甭想再踩出任何脚印了。"爱因斯坦沉思良久，突然茅塞顿开，后来真的在自己的人生道路上留下了闪光的足迹，创立了相对论，成为了现代物理学的奠基人。对于自己的成就，爱因斯坦曾多次提到闵可夫斯基，经常称颂老师是出类拔萃的，并且意味深长地说："若只模仿前人，那么就不会有科学，也不会有技术，进步与发展更无从谈起。"

第二个"小品"其实是喜剧，本该大书特书，可惜因缺乏历史素材而不得不草草带过。1897 年，闵可夫斯基与哥尼斯堡附近的一位皮革厂老板的女儿喜结良缘，婚后育有一双女儿，然后……就没然后了。

第三个"小品"也是喜剧，但其喜剧效果是因为"戏演砸了"。闵可夫斯基很善于讲课，不但效果好，而且十分风趣幽默。所以，学生们在私下称他为"数学诗人"和"数学界的莫扎特"。听他讲课，既像品诗又像赏乐。

有一次，在拓扑课上，有学生问"四色猜想"为啥还未被证明或证伪。闵可夫斯基头脑一热，便向学生夸下海口："原因很简单，那就是一流数学家不曾关注它。各位若不信，下面我就来证明。"于是，他拿起粉笔，开始在黑板上龙飞凤舞般地写了起来。刚开始时，他还好像秋风扫落叶。片刻后，风停了，叶不落了，闵可夫斯基推演的速度明显慢下来了。又过了一会儿，可怜的闵可夫斯基被罕见地"挂在黑板上了"。下课前，闵可夫斯基放出狠话："今天临时卡壳，下节课定出结果！"可是，下节课后，仍不见"结果"的踪影；再下节课后，也没起色。数周后的一个阴霾天，闵可夫斯基跨入教室。突然，一道闪电划过长空，紧接着便是一声霹雳。这时，闵可夫斯基的灵感终于爆发。他很严肃地说："上天被我的骄傲激怒了，我的证明失败了！"

学生们哄堂大笑了起来，闵可夫斯基终于结束了这堂持续已久的、毕生最尴尬的数学课。不过，大家非常敬佩他的坦诚，而且他的数周推演也让学生们目睹了一次数学研究的"实弹演习"，虽然最终没能击中靶心。书中暗表，"四色猜想"是近代数学的三大难题之一，它是由一位英国大学生在 1852 年提出的。该猜想的内容是：任何一张地图只需用四种颜色就能使所有邻国的着色不同。100 多年来，数学家们为证明该猜想绞尽了脑汁，但始终进展缓慢。1976 年 6 月，有人利用高速计算机，耗费了 1200 小时，进行了百亿次判断，才最终用穷举法证明了该猜想。因此，现在它就称为四色定理了。但是，数学家们对计算机的蛮力之举并不服气，目前仍有许多数学家在继续研究这个问题，并希望找到真正的数学证明。

1902 年，闵可夫斯基被著名数学家克莱因"挖"到了哥廷根大学担任数学教授，直至去世。在此期间，他取得了自己最得意的科学成就。1908 年，他提出了"闵可夫斯基四维时空"概念，为广义相对论的理论架构创建了重要基础，为现代物理学的发展迈出了关键的一步。也许你会问，啥叫闵可夫斯基四维时空呢？嗨，这还不简单呀！你只需完成如下几步，便可轻松了解其细节了。首先读完本书，然后考上大学物理系，接着再读个硕士，最后再做相对论的博士论文。当然，你若再搞个相对论的博士后，那就更清楚了。怎么样，不难吧？

正当闵可夫斯基的创造力处于高峰时，1909 年 1 月 12 日，他的阑尾炎急性发作。经抢救无效，他不幸去世，享年仅仅 44 岁。

闵可夫斯基的突然故去引发了全球科学界的强烈关注。他的挚友、著名数学家希尔伯特在课堂上得知这个噩耗后，竟忍不住悲伤，当场号啕大哭了起来。后来，希尔伯特在讣告里深情地悼念道："他从小就是我最亲密、最可靠的朋友，他以特有的宽容与忠诚一直支持着我。怀着对科学的挚爱，我们一起来到繁花似锦的科学花园。在追寻科学成就的道路上，我们总喜欢探索潜藏的捷径，从而发现了许多令人陶醉的新东西。他是苍天赐给我的珍贵礼物，我一直万分感激。尽管我们已阴阳两隔，但他的精神永远活在我的心中。我将带着这份精神，继续前进在科研的道路上。"后来，希尔伯特为闵可夫斯基整理了遗作《闵可夫斯基全集》，并于 1911 年正式出版。

爱因斯坦一生都在怀念闵可夫斯基，怀念这位智慧而谦逊的恩师。数学家劳厄、索末菲等人接续了闵可夫斯基在相对论方面的研究，并在相关教科书里详细阐释了闵可夫斯基的思想。

为了纪念这位伟大的数学家，人们将第 12493 号小行星命名为"闵可夫斯基星"。安息吧，闵可夫斯基！

第三十四回

电磁先驱波波夫，英年早逝遭天妒

1859 年，达尔文正式出版《物种起源》，居里夫人的丈夫、法国物理学家皮埃尔·居里诞生。在这一年 3 月 16 日，在俄国乌拉尔矿区的一个小镇上，诞生了本回主角亚历山大·斯捷潘诺维奇·波波夫（Александр Степанович Попов）。他的父亲是当地有名的穷神父。他从小就特别调皮，属于"手特欠"的那种神兽级捣蛋鬼，任何玩具一旦落入他的魔掌，都难逃被肢解和重组的噩运。进入小学后，他对听课完全没兴趣，只是变着法子逃学到矿上玩。他见啥都新鲜，还特别喜欢当木匠，竟做了一个水磨模型。12 岁时，他又迷上了电工技术，一会儿鼓捣电池，一会儿用电铃把家里最值钱的座钟改造为电铃闹钟。这个座钟到整点就响，把家人吓个半死。开明的神父老爹无奈地摇摇头，把他送进了学风自由、注重培养动手能力的神职学校上中学。上中学后，波波夫突然又爱学习了，而且数学和物理成绩特别好，多次受到校长的夸奖。他甚至立志要用自己的智慧造就强大的俄国。

18岁时，波波夫顺利考入圣彼得堡大学数学物理系，但因家庭困难，他不得不在晚间外出当家教。后来，昔日的电工兴趣总算派上了大用场，以至仅靠给电灯公司当电工，他就为自己挣够了学费和生活费。可是，在圣彼得堡大学读书时，波波夫并不开心，因为他的老毛病又犯了，成了出名的"问题学生"。他不但上课时心不在焉，而且常问一些稀奇古怪的问题，不受师生待见。一年多以后，波波夫儿时的木匠情结再度爆发，他出人意料地离开了著名的圣彼得堡大学，转学到名不见经传而师生关系融洽的森林学院，任由自己的思想随意跳跃，任由自己的兴趣随意发展。在森林学院时，他好像并未研究森林，而是躲进森林中，独自制造危险的炸药，还是那种用电线遥控起爆的炸药。后来，他真的如愿以偿了，以至被同学们传为奇谈，大家都称他为"炸药专家"。

24岁时，这位"炸药专家"从森林学院毕业，再度跨界，被聘入喀琅施塔得海军水雷学校。该校的实验条件很好，拥有众多精密电学仪器，这自然刺激他重新拾起童年时的电工兴趣。他不但经常给电灯公司当电气工程师，还试图对电灯进行多方面改进，积极推广和普及电灯知识。这时，这位"炸药专家"的理想好像变成了要为全国人民带来光明的"电灯专家"。

29岁那年的某一天，这位"电灯专家"正在冥思苦想，试图延长电灯的使用寿命，突然从德国传来爆炸性新闻：赫兹捉到电磁波啦！一石激起千层浪，波波夫好像受到电击一样，顿时两眼放光。在细细研读了赫兹的论文后，他惊呼道："哇，电磁波真神奇，竟能瞬间飞越全球！"一通感慨后，波波夫下定决心当一名"电磁专家"。他说："就算我穷尽一生的时间去安装电灯，估计也只能照亮十几座城市，这对幅员辽阔的祖国来说，只不过九牛一毛而已；若我能指挥电磁波，则覆盖全国就只需几分钟！"

当时，要想"指挥电磁波"又谈何容易，因为那时的科学家都认为电磁波只能像光那样沿直线传播。既然没有可控的导线，当然就更难控制了。即使电磁波可被反射，但空中没镜面，又咋能长距离传播呢？连电磁波的发现者赫兹也承认："若要用电磁波进行无线通信，将需要一个面积相当于欧洲大陆的巨型反射镜。"但是，赫兹的实验鼓舞了各国科学家，激励大家努力从各个方面揭示无线电的奥秘。波波夫很快另辟蹊径，找到了无线电通信最关键、最迫切需要解决的问题，即如何研制灵敏度极高的无线电信号接收机。一旦有了高质量的信号接收机，就无需巨型反射镜了。

经过近一年的努力，波波夫总算成功地复现赫兹的实验了。接着，他在一次演讲中公开提出了自己的大胆设想，要用电磁波实现通信。他说："人的器官虽不能直接感知电磁波，但若能发明某种电磁波检测仪，那么电磁波就可以用来远程传输信号了。"波波夫最初的思路是充分借鉴赫兹实验中的那个接收电磁波的"检波器"，在环形导线两端留有间隙，收到电磁波后，导线上将产生电压并在间隙处激发电火花。他很快发现，该方法所激发的火花非常微弱，只能供实验用，不能实现信号的远程传输。因此，现在难题就变成了如何有效放大检波器的电火花。为此，他不但自己反复实验，而且随时关注国际上的最新动态。几年后，波波夫得到一个重要消息：法国物理学家布拉利发现电磁波能使松散的镍粉重新凝聚。英国物理学家洛奇随即据此研制出了金属粉末检波器。于是，波波夫改进了洛奇的成果，发明了更有效的电磁波检波器，它其实是一根内装金属粉末的、两端分别为正负极的玻璃管。当收到电磁波信号后，金属粉末就会在玻璃管内凝聚起来，电路便被接通，电铃随之响动。请注意，这很像波波夫小时候改装过的那个闹钟。看来，儿时"过家家"的玩意儿也能用于新科技嘛。

后来，波波夫对自己的这项发明进行了实用化改进。他研制了一种名叫电磁继电器的新器件，它能快速且无震动地让已被电磁波聚集起来的金属粉末再次散开。于是，当检波器收到电磁波信号后，玻璃管内的金属粉末就被迅速聚集起来并接通电路，紧接着聚集起来的粉末又会被电磁继电器分散开，如此一来便保证了无线电接收机能自动地连续接收信号。换句话说，波波夫的无线电接收机终于成功了，因为它确实能轻松地检测到闪电发出的电磁波。波波夫还发现，若在自己的电磁接收机上竖起一根导线，便可增强接收到的电磁信号，扩大接收电磁波的距离。这根竖起的导线便是人类历史上的首根天线。时年，波波夫 35 岁。

1895 年 5 月 7 日，既是波波夫的重要日子，也是俄国的重要日子，因为这一天后来被称为俄国的"无线电日"。当时，36 岁的波波夫在圣彼得堡举行的俄国物理化学年会上宣读了一篇重要的论文《金属粉末与电磁振荡的关系》，并现场展示了自制的无线电接收机。当时，助手在 60 米以外操作一台电磁波发射器，波波夫自己在讲台上用检波器、电磁继电器和电铃等现场安装无线电接收机。当助手开始发射电磁波后，检波器玻璃管内的金属粉末就聚集起来，从而使电阻急剧减小，电路接通，电铃开始震动发声。而当助手停止发射电磁波后，电铃也哑了，震动也停了，已聚集起来的金属粉末又在玻璃管中被抖散了，然后可以接收下一个电磁波信号了。表演结束后，波波夫自豪地说道："该接收机经改良后肯定能实现电磁波的远程通信。"两个月后，他又将一部现成的莫尔斯电报机记录仪串接在自己的无线电接收机上，于是电报纸就可以及时记录闪电的放电情况了。波波夫称该仪器为雷电指示器，很快将它配备在圣彼得堡气象站中，帮助预告即将到来的雷电暴雨。至此，无线电接收机正式进入实用阶段。几个月后，他发表了一篇论文，宣布雷电指示器还可以接收人工振荡源发出的电磁波信号。

此后，波波夫在电磁方面接二连三地取得不少成果，不断引起轰动。1896年3月24日，37岁的他在俄国物理化学年会上，面向上千位听众，正式演示了莫尔斯电报的传输。当时，无线电接收机放在会场的讲台上，发射机则放在250米外的房间里，待发送的信息由公证方现场拟定。当发送方开始拍发电报时，公证方将接收机收到的字母逐一写在大黑板上。伴着阵阵掌声，一行大字赫然出现：海因里希·赫兹！这便是人类历史上的首封有实际内容的无线电报，它表达了对电磁波发现者赫兹的崇高敬意。书中暗表，波波夫这次实验的时间确实比马可尼于1896年6月取得类似专利的时间要早3个月。但从法律角度看，马可尼更占优势，毕竟专利法应被尊重，而且波波夫没有抢先申请专利。这次教训也值得今人借鉴，科研成果固然重要，但专利和知识产权保护也不可少。

波波夫的无线电研究成果很快就得到了俄国政府的高度重视和全力支持，因为俄国此时正在扩军备战。于是，在海军的积极配合下，波波夫于1897年春实现了远达600米的无线电通信。同年夏天，在舰艇上试验时，通信距离已增至5千米。1898年，又实现了远达10千米的岸舰通信。1899年，实现了50千米的远程无线通信，此举意味着无线电已可用于战争了。实际上，在第二年初，无线通信就立了大功，因为在拯救被浮冰推到海里的50位渔民时，无线通信及时准确地为救援队提供了多达440条重要信息。同样是在1899年，波波夫又发明了能收听无线电信号的头盔式电报受话器，并在两年后取得了发明专利，在俄法两国批量生产。1901年，42岁的波波夫又研制了收发一体式无线电台，并将它成功地运用于陆军。同年，航船无线通信的实际距离达到150千米。1901年，波波夫被聘为圣彼得堡电工技术学院物理学教授。其实此前10年，他还变动过一次工作单位，从喀琅施塔得海军水雷学校调入海军部技术学校。自1905年起，波波夫开始担任圣彼得堡电工技术学院院长。

有一次，当波波夫在两岸间进行远程无线通信试验时，一艘军舰横穿而过挡住了人们的视线。这时无线通信竟突然中断，待到军舰驶过后，通信才恢复正常。这时，波波夫灵机一动，突然来了灵感，赶紧在当天的实验报告中写道："在大雾中，从灯塔发出的电磁波被航行中的船舶阻挡时，通信将被中断，由此便可大致确定船舶的方位。"这就是无线电测向和定位技术最早的曙光。

非常可惜，正当春风得意时，波波夫却遭到天妒，竟于1906年1月13日突发脑溢血病逝，年仅46岁。巧合的是，与他同年出生的皮埃尔·居里也在这一年去世。时年，中国的末代皇帝溥仪诞生，袁世凯开始编刊《立宪纲要》，慈禧太后批准"实兴女学"。从此，女性才能名正言顺地进入学堂。

波波夫去世后，苏联以及如今的俄罗斯都给予了他极高的评价，不但用其名字命名了许多街道和机构，而且多次为他发行纪念邮票，每年的无线电日颁发的无线电最高科技奖称为波波夫金质奖章。俄国人咬定只有波波夫才是唯一的无线电发明者。对于此种说法，各位姑妄听之吧。但波波夫的确是当之无愧的无线通信先驱，更是天线的发明者，当然值得后人景仰。

第三十五回

无线电大显神威，马可尼全面力推

18 74 年 4 月 25 日，在意大利博洛尼亚市的一个富豪家里诞生了一个大耳朵的胖小子，名叫伽利尔摩·马可尼（Guglielmo Marconi）。小家伙定睛一看，妈呀，自己的命可真好，能生在如此之家，真是前世的福报呀！先看妈妈，她既美丽又温柔，还是一位气质高雅的音乐教师，更是出自英国名门望族的大家闺秀。她对儿子的爱甭提有多深了。儿子想上天，她就赶紧送翅膀；儿子想下海，就赶紧送双桨。再看爸爸，他是远近闻名的企业家和大地主，只可惜老爸的首任妻子死于难产，后来他才娶了马可尼的生母。更幸运的是，马可尼还有一个年长自己 9 岁的哥哥。哥哥成天护着自己，让弟弟随时都有当小皇帝的感觉。马可尼非常自豪，底气十足。他啥都敢想，啥都敢干。难怪马可尼后来在研制无线电时竟如此大胆和疯狂。

幼年的马可尼是一位标准的失学儿童。这倒不是因为他交不起学费，而是家中的钱太多，看不起普通学校的师资条件。于是，锦衣玉食的马可尼只好沉浸在父亲的超级私人图书馆中，博览群书。他在母亲专门腾出的豪华房间里做自己感兴趣的实验，一会儿绕个线圈，一会儿又装个电铃。因此，马可尼从小就培养了超强的自学能力和动手能力。若物理问题太难，咋办呢？好办，妈妈请了一位大学物理教授到家里来一对一进行指导。正是在这位教授的引导下，马可尼对物理的兴趣不断增强。若家中的设备不够，这位教授就带马可尼去大学的实验室中。凡是能扛得动的仪器，他只要想用都可借回家。若家中缺少哪本图书，这位教授就一溜烟去大学图书馆中借阅。正是在如此环境中，马可尼一口气读完了馆藏的几乎所有电磁学著作，特别是麦克斯韦、赫兹、里希和洛奇等人的名著。他还做了大量实验，成了电磁学先驱富兰克林和法拉第的忠实粉丝。他挂在嘴边的口头禅是"我的电"，而非"我的天"。总之，妈妈在早期教育方面不惜血本。据不完全统计，马可尼少年时先后在波伦那、佛罗伦萨和里窝那等城市接受过顶级私人教育。

12 岁那年，马可尼总算首次进入学校，但他根本不适应班级生活，只好常随妈妈回姥姥家，并养成了说英语的习惯，以至连母语也不够标准。他为此常受意大利小朋友们的嘲笑和欺侮。不久，马可尼遵父愿辍学报考海军，结果未被录取。父亲大怒，指责儿子的物理实验是"祸根"。据说，有一次马可尼模仿富兰克林，也想用风筝捕捉闪电，结果一声惊雷，本来绝缘用的名贵瓷器被震个粉碎。还有一次，马可尼将一个连有电铃的锌架置于屋顶，结果在雷暴前，那个电铃却突然响起，吓得老爸一身冷汗。儿子却哈哈大笑，庆祝自己的又一次成功。原来锌架吸收了空中的静电并驱动了电铃，从此这玩意儿就成了家中的雷暴预警器。

13 岁时，马可尼再度踏入校门，成了相当于高中的利富乐技术学院的学生，此时他才正式接触并很快爱上了正规的物理课程。在这里，一位盲人报务员教会了他莫尔斯电码，这将大大有助于他日后的无线电事业。高中毕业后，马可尼在大学入学考试中惨遭淘汰，气得父亲仰天长叹。妈妈却一如既往地支持儿子"胡闹"，并掩护儿子继续做实验，还慷慨地资助了1000 美元的科研巨款。更重要的是，妈妈积极充当儿子的"拍手党"。她自己对无线电一窍不通，但只要儿子一高兴，她就跟着鼓掌。

20 岁那年，马可尼与哥哥在阿尔卑斯山度假时，偶然得知德国物理学家赫兹发现电磁波的消息。他立即结束假期，匆匆回家重复赫兹的实验。结果，他不但如愿以偿，还在短短一年内取得了三个重大进展。

其一，他实现了电磁信号的远程收发。首先，马可尼仿照赫兹的做法，在相距几厘米处成功地收发了电磁信号。那时，马可尼的信号发射机还只是一个接口处留有间隙的环形线圈，当它接通高压电后，就会在间隙处产生电火花，从而激发出电磁波。其实，雷电的电磁波也是这样产生的，只不过电压更高，电火花更大而已。马可尼的接收机更简单，它与发射机相似，只是不再通电且与发射机无导线相连。当发射机工作时，只要它激发的电磁波足够强，就会在接收机的线圈中产生一定的电压，从而在间隙处激发电火花。因此，此类接收机也称为火花隙接收机。首战告捷的马可尼立即进入疯狂状态，他不断改良收发机，使通信距离逐渐增大，先将信号传到了隔壁，再传到了楼上楼下。然后，他让接收机启动电铃，直到最终能启动有线电报系统的莫尔斯打印机。至此，无线通信系统的样机基本成型了。接下来，他将发射机留在房顶让哥哥操作，自己则端着接收机来到室外。在 10 米处，能收到信号；在 100 米处，也没问题。随着距离越来越远，他们只能靠挥动红旗表示收到信号。待到翻过小山后，则只能用枪声来庆祝成功了。

其二，他采用两种思路，大大提高了接收机的灵敏度。首先，他在火花隙接收机的一个环端上接一大片薄薄的金属，并将该金属片高悬在树尖上，而另一个环端所接的电线则被埋入地下。这便是至今还在使用的"天地线"。如此一来，所收到的电磁波的强度就会大增，灵敏度也相应提高。后来，法国物理学家布拉利发现，电磁波能使分散的镍粉聚集起来，并以此发明了一种电磁波凝聚检波器。这其实是一个内部装有镍粉的玻璃管，两端分别接上正负电极。当镍粉被收到的电磁波聚集起来后，便形成一条导线，从而接通玻璃管两端的电源。马可尼立即改进了布拉利的发明，将镍粉换成效果更佳的银镍混合粉末，将玻璃管抽成真空，从而制成了更灵敏的电磁接收机，用它代替了自己以前发明的火花隙接收机。

其三，马可尼还发现，当一台电磁波发射机工作时，放置在不同地点的多台接收机能同时收到电磁波信号。这显然就是后来的无线广播的雏形。

在马可尼21岁那年，老爸见他的"胡闹"开始靠谱了，于是"啪"的一声拿出一大沓钞票。这样，马可尼便开始在父亲的庄园里大肆建设实验室。设备高档了，器件充足了，科研进展也更快了，无线电收发距离甚至达到了2.4千米。换句话说，无线电台已实用化了。起初，马可尼想用无线电为祖国服务，可意大利政府认为无线通信不靠谱。就在这个关键时刻，妈妈又出手了，她建议他去姥姥的家乡发展，也许英国的机会更多。于是，母子俩来了一次"说走就走的旅行"，带着一大堆稀奇古怪的设备冲进了英国海关。一放下行李，马可尼就赶紧申请专利。在1896年2月，他获得了全球首项无线电专利，名为"发射电脉冲和信号的改进设备"。紧接着，第二年他又成立了自己的无线电报及信号有限公司，开始大张旗鼓地开展无线电商业活动。刚开始，姥姥家在英国高层的人际关系发挥了关键作用，马可尼得以在众多名流显贵面前频繁演示神奇的无线通信，让伦敦等地的观众赞不绝口。那位独具慧眼的英国邮政局总工程师更坚信无线通信具有美好前景，他不但同意马可尼在英国邮政总局的屋顶架设天线，而且全力以赴，到处宣传无线通信，终于惊动了英国女王和王子。1898 年，马可尼被请到皇家游艇上与女王母子进行了亲切友好的交流。马可尼的成名演示发生在 1899 年 3 月，当时他实现了从英国到法国、横跨英吉利海峡、远达 45 千米的无线通信，一时间震动欧洲大陆。多国公侯名士争相拜访马可尼，潜在用户蜂拥前来观看无线通信，订单当然就紧随而至。英国海军马上就成了他的首批客户，实现了舰间远达 120 千米的无线通信。同一年，举世瞩目的美国杯帆船赛在纽约举行，马可尼抓住这个天赐良机，在赛场的救生艇上免费安装了无线通信设备。马可尼和他的无线通信设备就成了家喻户晓的明星。

商业上的成功促使马可尼研制更先进的无线通信设备，而更先进的无线通信设备又反过来推动了他的商业成功。比如，他借用洛奇发明的一种今天称为谐振线路的东西，竟能让频率不同的发射机同时在同一地点互不干扰地工作。1900 年 4 月 26 日，他取得了著名的 7777 号专利，实现了无线电设计的重大突破，在市场上独占鳌头，让全球竞争者毫无招架之力。接下来，马可尼又干了一件更疯狂的事情。他竟于 1901 年 12 月 12 日实现了从英国到加拿大的远达 2500 千米的无线通信。虽然只收到了一个字母"S"，但这足以震撼全球了。次年，70 余艘轮船都装配了马可尼的无线通信设备，陆上的电台也疾增至 25 台。随后的发展更是如日中天，这也算是对马可尼商业成功的充分肯定吧。在这次越洋通信后的第 8 年，诺贝尔奖评审委员会决定授予他 1909 年诺贝尔物理学奖。这算是对他科学成就的充分肯定吧。在随后的若干年中，意大利、英国、俄国、中国、印度和日本等国政府和相关学术机构先后授予了他众多荣誉头衔，以肯定他对人类无线通信的卓越贡献。比如，有一份"世界上最有影响的 100 人"名单甚至将他列在第 41 位，排在"电话之父"贝尔的前面。当然，对马可尼成就的最大肯定是无线通信在此后数次重大海难中的上乘表现。在 1912 年的"泰坦尼克号"沉船事件中，在拯救 711 位落水的乘客时，无线通信成了不可替代的救世主。总之，虽不敢说马可尼是无线通信的首位发明者（毕竟这已成为一桩理不清的公案），但作为"无线电之父"，马可尼还是受之无愧的。

马可尼的个人生活也很特别，他结过两次婚。他在 31 岁时娶了一位爱尔兰女艺术家，二人育有三女一子。可惜，这段婚姻只维持了 19 年。53 岁时，他娶了第二任妻子，二人育有一个女儿。她就是马可尼最疼爱的宝贝幺女。伙计，下面的内容可能会出乎您的意料。马可尼不仅是一位科学家和企业家，还是一个玩家。发达后的他竟一拍腰包就买了一艘 700 吨级的豪华游轮，并以宝贝幺女的名字为游艇命名。游艇上的豪华设备自不必说，关键是上面还装备了先进的无线电实验室。他可以一边享受四海环游，一边用无线电遥控管理公司的业务和从事无线电研究。他后来在短波和微波等方面取得的不少重大成果都是在游艇上完成的。据说，他乘坐该游艇在大西洋两岸频繁穿梭了 100 多次。非常遗憾的是，马可尼曾是一名法西斯分子！他于 1923 年加入意大利法西斯政党，并于 1930 年被墨索里尼纳入了法西斯大议会。

1937 年 7 月 20 日，马可尼因突发心脏病在罗马去世，享年 63 岁。意大利政府为他举行了隆重的国葬，世界各地近万人主动前往罗马为他送葬，英国的所有无线电报、电话和广播等都暂停 2 分钟，向他致哀。

第三十六回

婉拒诺奖科学家，神级天才特斯拉

如今，特斯拉之名几乎无人不知，无人不晓。但大部分人心目中的"特斯拉"只是一款很酷很炫的电动汽车，少部分人也许知道这款汽车出产于一家名叫特斯拉的公司，更少数人可能知道这家公司属于科技狂人马斯克，几乎没有多少人知道特斯拉其实是19世纪的一位伟大科学家。而马斯克之所以要用"特斯拉"之名，正是因为他要向自己的偶像致敬。若要了解特斯拉，既非常容易，又非常困难。一方面，易就易在你只需将当今马斯克的疯狂、天才、大胆和勤奋等放大 N 倍，就能还原出一个活脱脱的特斯拉。至于马斯克有多么奇葩，各位只需上网一查就行了。反正，其脑洞之巨，只有你想不到，没有他做不到。另一方面，了解特斯拉又很困难，难就难在他未留下多少生平事迹，甚至在去世后的很长一段时间内，几乎已被世人遗忘。直到1956年的特斯拉诞辰100周年纪念日，世人才重新意识到他的伟大，对他的研究也才迎来了一场国际性的复苏，甚至上演了一出新的"王者归来"传奇。直到 1957 年，他的骨灰才被运回他的出生地。1960 年，国际电工委员会确定用"特斯拉"作为磁感应强度的单位，以此纪念他的巨大贡献。1975 年，他被正式引入美国发明家名人堂。2005 年，他经观众投票入选"最伟大的 100 位美国人"。

至于特斯拉为啥被世人遗忘数十年，其原因很复杂，我们也不想讨论。但必须承认，特斯拉确实相当伟大和超前，特别是随着时代的进步，他的过人之处越来越受到关注。难怪当我们回顾历史时才会惊讶地发现，原来他才是真正的"电气时代之父"。他被众多粉丝誉为"创造出 20 世纪的人"和"最接近神的人"。他终生的梦想就是给世人提供用之不竭的能源。他在去世前就被认为是当时美国最伟大的电气工程师之一。他发明了交流电动机，奠定了现代电力应用的基础。他才是无线通信的主要奠基者，因为他早在 1897 年就获得了无线电专利，时间早于马可尼。这一点已在 1944 年由美国最高法院做出的裁决所认定，法院宣布特斯拉的专利有效，而马可尼的无线电专利无效。他早在 1917 年就向美国海军提出了雷达构想，而直到 1935 年后人才发明了首台实用性雷达。他先于伦琴发现了 X 射线，并警告说它很危险，可惜他的相关资料在一场大火中被烧毁。由于他的突出贡献，诺贝尔奖评审委员会曾决定将 1915 年的诺贝尔物理学奖授予他和爱迪生，可惜被这对冤家婉拒。他于 1937 年再次获得诺贝尔物理学奖提名。此外，他还发明了遥控器、霓虹灯、火花塞等，建造了人类历史上首座水力发电站——尼亚加拉水电站。他早在 1899 年就造出了球状闪电，早在 1901 年就试图横跨大西洋进行电能的远程无线传输。他独自取得过 700 多项专利。总之，他被敌人骂为疯子，被粉丝赞为天才，被世人公认为是一个谜。

下面，我们就来努力揭开这个谜的冰山一角。

1856年7月10日凌晨，在克罗地亚的一个穷山村的一个平凡家庭里，诞生了一位很平凡的小男孩儿，他就是本回主角尼古拉·特斯拉（Nikola Tesla），家里5个孩子中的老四。他的家族也很平凡，祖祖辈辈所从事的职业基本上很稳定，要么种田、参军，要么去教堂当神职人员。

爸爸的主业是看管教堂，也是一位业余的打油诗人，平常说话时喜欢夹上几句名人名言。这些爱好无疑后来都遗传给了儿子。自特斯拉呱呱坠地后，老爸就一直梦想让他当牧师。所以，爸爸就按牧师标准对特斯拉从小进行培养，每天都规定了奇怪的学习内容，比如互相猜测对方的心思，找出他人仪容表情上的毛病，复述冗长的句子，进行众多复杂的心算等。这些日常训练大大增强了特斯拉的记忆力，特别是培养了他敏锐的分析批判眼光。这对他后来的发明工作肯定很有益处，虽然这只是歪打正着。

妈妈对特斯拉的正面影响最大。虽然她大字不识一箩筐，但有着过目不忘的记忆力，而且特别能创新。成功后的特斯拉回忆道："妈妈才是一流的发明家，假若她有机会接触现代社会，就一定能做出了不起的大事。她在家里发明和制造了各种各样的工具和装置，纺织了许多精美的花纹图案，甚至自己育种，自己栽培植物，自己提取纤维。"妈妈的这些天生本领遗传给特斯拉之后，几乎成为了他后来事业的制胜法宝。实际上，特斯拉从小就痴迷于发明创造。比如，5岁那年他就造了一台小水车。这台小水车的外形新颖，还能在水流中自如转动。成年后，他在设计一款无叶片涡轮机时，亲口谈起过这台小水车。

当然，特斯拉儿时的发明创造也经常失败。有一次试验飞伞时，他竟从墙头上坠落，被摔得失去了知觉。又有一次，他设计了一架由16只甲壳虫拉动的风车，结果却因虫子们不听话而出现了失控状况。还有一次，他将祖父的闹钟拆成了一堆零件，可待到想要重新组装时，才发现不能物归原位了。超强的动手能力和创新能力让特斯拉很早就成了全村的名人。当时，村里罕见地购买了一辆消防车，村民们异常激动，为该车举行了隆重的洗尘仪式。在一通噼里啪啦的鞭炮声后，长辈开始讲话，村民代表发言，然后披红挂绿的消防员开始灭火表演。结果，火点着了，但消防车怎么也喷不出水来，急得大家团团转。这时，特斯拉自告奋勇，三下五除二就修好了消防车，还将喜笑颜开的长辈们浇了个透心凉。一时间，欢呼雀跃的村民把他扛在肩上，抛到空中，简直就像对待凯旋的盖世英雄一样。

特斯拉有着许多稀奇古怪的习惯。比如，每当他看见妇女佩戴耳饰特别是珍珠时就非常反感，甚至拒绝同佩戴珍珠的人交谈。任何轻微的樟脑味都会使他坐立不安。若看见小纸片掉进液体中，他的嘴里马上就会产生让他难受的奇怪味道。他惧怕细菌，很讲究卫生，有严重的洁癖。他与人见面时不喜欢握手，甚至不允许别人碰他。他走路时一定要数步数。吃饭时，他必须计算汤盘和咖啡杯里还剩多少喝的和吃的东西，否则就感到食之无味，因此，他总喜欢独自吃饭。他还有一个更奇怪的毛病，那就是不能接触他人的头发，"除非用刀枪逼着他"。这些极端古怪的行为和性格无疑对他后来的生活产生了重大影响，致使他终生未娶。其实，暗恋和疯狂追求他的女性数不胜数，其中不乏名门闺秀。当然，这也并不意外，暂且不说他那如雷贯耳的发明家光环，也不说他那身高近2米的伟岸之躯，单是他那独特的人格魅力就足以让姑娘们心动。据说他拥有真挚、谦逊、优雅、慷慨、自信、刚强、纯朴、诚实等优良品格；又据说他安静、腼腆、温恭、友善；还据说他文质彬彬，很有教养，穿着考究，举止高雅；更据说他谈吐幽默，反应敏捷，处事低调，落落大方。总之，在女性的眼中，几乎所有赞美之词都可堆在这位"白马王子"的身上。

虽不知特斯拉的众多怪癖是何时形成的以及怎样形成的，但有一点可以肯定，那就是他童年时所经受的许多重大刺激一定发挥了重要影响。儿时的特斯拉不知有多少次与死神擦肩而过。据他后来的回忆，他至少有三次差点病死，有多次差点被淹死，有一次掉进热奶锅里差点被烫死，还有一次差点被烧死，更有一次差点被倒塌的古庙活埋。此外，他还数次被疯狗追咬，被惊马冲撞，被凶猛的野猪袭击，等等。总之，在特斯拉幼小的心灵中充满了恐怖的阴云。

对特斯拉性格影响最大的人可能是他的一位在 12 岁时就早逝的哥哥。这个哥哥本来才华横溢，是父母的掌上明珠，也是特斯拉心中无比崇拜的偶像。可是，在特斯拉不满 6 岁时，哥哥惨死在了他的眼前。至于哥哥是如何惨死的，有几个版本，一说是被惊马踢死的，一说是被特斯拉不小心推下悬崖摔死的。反正，不管真相如何，据后来的心理学家分析，幼时的特斯拉很可能在无意识中将此事的罪责归咎于己，从此背上了终生的内疚感，哥哥惨死的阴影也永远留在他的心中，变成了挥之不去的痛。成年后，他还经常在梦中遭受此事的折磨，甚至产生亡兄的幻觉。

哥哥惨死后，特斯拉便立志磨炼自己，要奉行铁的纪律，以图有朝一日出人头地，并以此安慰父母。所以，他从小就显得比普通孩子刚强、好学、大方等，各方面都胜人一筹。后来特斯拉自己也承认，当他自我克制时，便开始形成奇怪的压抑性格。哥哥惨死两年后，特斯拉的性情大变。他不但变得异常脆弱和优柔寡断，而且经常梦见妖魔鬼怪，开始惧怕死亡，对神更是诚惶诚恐。许久以后，特斯拉才终于找到了一种减弱折磨的办法，那就是躲进父亲的书堆里，沉浸在忘我的阅读之中。父亲不得不禁止他夜间点蜡烛，因为要防止他通宵读书。于是，他便"天不黑尽不罢休，天刚破晓就起床"。总之，他每天除了读书还是读书。终于，有一本名叫《阿巴菲》的小说突然中止了他的优柔寡断。他说："不知为啥，它瞬间唤醒了潜藏在我心中的意志力。"他甚至认为后来自己能成为发明家在很大程度上应归功于这时激发出的意志力。书中暗表，他的这种意志力后来更发展成了利弊参半的严重强迫症。

6岁时，特斯拉开始上小学。他的语文成绩优异，外语成绩更厉害。他很快就精通了英语、德语、法语、拉丁语、捷克语、匈牙利语、意大利语、克罗地亚语等8种语言。当然，最不可思议的还是他的数学成绩。老师刚在黑板上抄完习题，他通常就已得出了答案，甚至让校方误以为他在作弊。他的大脑中存储了一整套对数表，若需运算，只要用意念迅速查一查就行了。而他的这些奇迹其实都归功于他的另一项更惊人的本领，那就是"照相记忆"。他只需扫一眼，就能将一整页的全部内容（无论它们是文字、图表或数据等）记下，还能长期保持记忆。他的大脑中出现的图像还可用于溯源早先遇见的实际情况。在小学校园里，他首次看到了若干机械模型，结果他竟然把其中的许多机器仿造出来了，还真能让它们正常运行。

10岁那年，特斯拉勉强从小学毕业，升入中学。为啥说勉强呢？因为他严重偏科，特别是有一门手工制图课程，他压根儿就远未及格。他很反感这门课，因为绘图时，他完全不必动手，只需在头脑中轻松构思一下就行了。至于他在中学期间的成绩如何，是否正常毕业，没有准确信息。但是，他肯定开始胡思乱想了。从二年级起，他便痴迷于设计某种"只有一根旋转轴和一双翅膀"的飞行器。由于他对该飞行器的思索过于投入，甚至达到殚精竭虑的程度，于是他终于病倒了，还病得很严重，几乎丧命。好不容易从病魔手中挣脱出来，他刚转入另一中学，却又染上了疟疾。逃回家乡时，唉，他又赶上了霍乱，最终在病床上躺了 9 个月，才总算捡回一条命。

中学是读不下去了，咋办呢？参军呗！于是，特斯拉服了三年兵役，其间更是浮想联翩，甚至试图在大西洋底铺设一根邮政管道，利用水压实现信件的往返传递。他后来更大胆，竟想在地球赤道上空架设一个圆环，以此实现全球旅行。在正常人的眼里，特斯拉设想的这些东西基本上都属于痴人说梦，当然后来也都泡了汤。

虽历经数次惨痛失败，但特斯拉一点也不气馁，甚至愈挫愈勇。17 岁时，他全力以赴进行创新发明，还意外发现了自己出奇的想象力。他不需要模型，不需要绘图，也不需要实验，就可以在心中将自己构思的东西"看得"一清二楚，甚至和实物一模一样。与普通的实验方法相比，这种罕见的"想象法"显然不但速度快，而且效率高。特斯拉研制新设备的方法绝对与众不同，若非他亲口描述，别人无论如何也不敢相信。他说："当我有了发明新设备的想法后，并不立即开始实施，而只是在想象中将它构成图像。若需要变更其结构或改良其设计，也都只在头脑中进行，并最终让这套设备在头脑中运转起来。若一切正常，再开始进行实体制造。"他还说："从可行性论证到实际数据，任何东西都能预先在脑海中进行测试。"他说："凡是我造出的设备运行起来肯定与我在头脑中构思的东西完全一致，试验结果总和预测丝毫不差。多年来始终如一，没有例外。"

直到 19 岁时，特斯拉的狂想才开始靠谱，信马由缰的想象才稍微有所收敛。当然，随后他的发明创造也才真正落地。这一年，他获得了一笔助学金，考入格拉茨理工大学学习数学、物理和机械学，并轻松通过了9门考试。其实，他在大学里也只待了区区一年而已，因为第二年就因学费问题而被迫辍学。尝到读大学的甜头后，在接下来的数年间，特斯拉在布拉格等地一边打工一边在大学里旁听，到图书馆中自学，直到24岁。在此期间，他系统学习了许多学科知识，特别是电气方面的知识。他的理论水平也得到大幅提高，研究选题也开始变得比较切合实际。他不仅天生具有特异本领，而且超级勤奋。据说他每天只睡2小时，工作起来就像着了魔，甚至"舍不得拿出时间吃饭"。所以，他很快就取得了重大成就。26岁那年，他以工程师身份进入爱迪生电话公司巴黎分公司，当年就成功地设计了首台感应电机模型。两年后，他又被爱迪生聘为研究员，并加入美国国籍。不久，他解决了若干非常困难的问题，成为爱迪生的直流电机总设计师。

可是，他与爱迪生的理念相冲突，比如他看好交流电，而爱迪生只看好直流电。在30岁那年，特斯拉愤然离开了爱迪生，成立了自己的公司。这一年，特斯拉还取得了自己的首项专利——发电机整流器。此后，特斯拉便与爱迪生成了死对头。随后，特斯拉进入了天高任鸟飞的创造发明新天地，取得了至今仍让后人惊叹不已的众多传奇式成就。

特斯拉的成果太多，我们无法详细介绍，但需提醒大家认真考虑的是：同样是那个具有非凡才华的特斯拉，他在19岁前的狂想为啥就那么不靠谱呢？这当然与年龄和经验等有关，但更重要的可能是科研选题！过于异想天开的选题当然会失败，而充分吸取前人的成果，特别是系统掌握相关知识，肯定有助于选题的实现。这也是特斯拉在进入大学后，在懂得正确选题后，才真正开始腾飞的原因。

其实，科研成功的关键是正确选题。若选题过于超前，那么一定会失败；若选题过于落后，那又肯定成不了科学家，甚至所谓的科研就会变成"制造垃圾"。当然，这里的"超前"对不同的人来说只是一个相对概念。对特斯拉来说，由于他拥有"大脑实验室"这种天才能力，所以，对普通人来说已如科幻般超前的东西，甚至压根儿就没有现成理论的东西，在他那里却可变成现实。当然，特斯拉的科研也以失败居多，而失败的原因又几乎都是选题过于超前，包括理论超前、工程实现能力超前、社会需求超前、国际关系超前等。

特斯拉的伟大确实出人意料，但他的结局之悲惨更出人意料！本来他可以轻松成为巨富，比如只要出售交流电动机专利就行了。但事实是，他在晚年一贫如洗，穷困潦倒，孤单单地以面包和咸饼干为食，隐居于纽约某旅馆的 3327 号房间。在这里，他于 1928 年获得了最后一项专利。他还因举止怪诞而被许多人当成疯子。

1943 年 1 月 7 日晚上 10 点半，特斯拉因心脏衰竭在睡眠中逝世，享年 86 岁。据说，他死后留下了一大笔债务。还有人说，在他弥留之际，为他唱安魂曲的竟然只有他生前精心喂养的数百只鸽子。

唉，面对特斯拉的悲惨结局，咋说呢？也许只能用那位替人类盗火的普罗米修斯来安慰他吧。

第三十七回

卢瑟福创核物理，名教授育牛徒弟

本回主角卢瑟福之名在物理学界绝对如雷贯耳，核物理之名在全社会也家喻户晓，但许多人并不知道其实卢瑟福就是"核物理之父"，可能更多的人不知道作为著名科学家、诺贝尔奖得主、举世公认的"继法拉第之后最伟大的实验物理学家"和"微观宇宙之王"，卢瑟福竟是一个地地道道的乡巴佬！真的，这不仅指他生在一个名叫纳尔逊的农村，长在农村；还指他功成名就后仍保持农民本色，无论是言谈还是举止，怎么看都怎么像乡巴佬。在被英国女王授爵时，朴实无华的他竟自选了一个土得掉渣的封号——纳尔逊勋爵，大约相当于"夹皮沟勋爵"吧。难怪新西兰总统赞美他说：好，好一个纳尔逊村的卢瑟福！

本书之所以要介绍卢瑟福主要是因为他乃发明无线电报的先驱。他发明了一种磁性检波器，并在 1894 年成功地在新西兰进行了电磁波的收发演示，发出了"穿越新西兰的首份无线电报"。

故事还得从同治十年说起。在光绪皇帝诞生半个月后，1871 年 8 月 30 日，欧内斯特·卢瑟福（Ernest Rutherford）诞生在一个穷三代之家。他的爷爷本是英国人，却因生活所迫，当年不得不带着年仅三岁的儿子漂洋过海来到新西兰。他的爸爸本想摘掉穷帽子，并为此竭尽全力，但始终无果。他的爸爸做得了一手木匠活，迎娶了一位既贤惠能干又会弹钢琴的教师媳妇，但仍然很穷，甚至比上一代更穷。夫妻俩一不留神生了一大窝"穷土豆"。掰着手指头和脚指头数了又数，最后才总算数清了。哦，原来全家共有 12 个孩子，卢瑟福是其中的老四。

既然穷，那么穷人的孩子就得早当家。于是，从很小开始，卢瑟福就不得不大干家务。他要去农场帮爸爸耕地，到牛棚帮妈妈挤奶，到野外打柴割草。当然，像所有的山里娃一样，卢瑟福也少不了在劳动之余寻一些穷开心。他一会儿摸鱼，一会儿捉虾，一会儿掏鸟蛋，一会儿又捏泥巴。穷有穷的活法，无论多穷，卢瑟福都很快乐。他甚至还幻想过，要从地里种出一根新的牛尾巴。原来这小子太调皮，竟突发奇想，拿家里的牛尾当纤绳，拖着一大捆柴火回家，自己则骑在牛背上猛抽。结果那可怜的牛尾巴就与牛屁股分了家。望着血肉模糊的牛尾，如何才能确保自己的屁股不被老爸打开花呢？卢瑟福再次突发奇想，希望像河滩插柳那样，重新为牛换上一根新尾巴。当然，最后也只是"有意栽花花不发"。

5 岁时，卢瑟福进了村小学，成绩门门优秀，特别是拉丁文和古典文学的成绩更佳，经常受表扬。这小子特别机灵，鬼点子很多，还特别能讨妈妈的欢心。他本来唱歌跑调，却偷偷改了曲谱，让妈妈刮目相看；他本来记不住课文，却信口开河现编现演，让妈妈以为他早已倒背如流。10 岁那年读五年级时，他一本正经地将自己的名字写在某位教授的作品上。妈妈激动万分，以为他出书了。妈妈一直珍藏着这本专著，晚年时还常拿出来向左邻右舍夸耀呢。卢瑟福当时也许只想表明某种决心，希望自己今后也能写出这样的专著。

他不仅能讨妈妈喜欢，而且从小就一直深受大家喜欢。他去世后的墓志铭是"他从不树立一个敌人，也不错过一位朋友"。小时候，玩伴们都很喜欢他，奉他为孩子王，因为他总有办法让大家听自己指挥，一会儿发明新玩具，一会儿用旧玩具玩出新花样。街坊邻居也很喜欢他，谁家的闹钟啥的要是坏了，首先想到的就是向他求援。老爸绝对喜欢他，因为他竟用废旧零件拼装出了一架相机，还学会了冲洗显影，惹得七大姑八大姨争相前来留影。老爸高兴得手舞足蹈。中学老师更喜欢他，甚至每天都为他开小灶，教他学到了不少课外知识。再加上他很勤奋，卢瑟福在 15 岁时以几乎满分的成绩获得了奖学金，还被招入了纳尔逊学院，进入了大学预科班。

在纳尔逊学院，卢瑟福迷上了自然科学，经常与知音们一边散步一边讨论科学问题。兴奋时，他就蹲地上演算数学题，全然不顾身边垃圾的恶臭味。他是全校有名的书呆子，每当看书和做作业时，无论环境多么嘈杂，甚至有人敲他的脑袋，揪他的耳朵，或扯他的衣服，他都毫无感觉，一心沉浸在自己的世界里。一旦他突然醒悟，捉弄他的同学可就惨了，腰圆膀粗的他只需一下子就能让对方哭爹喊娘。经三年苦读后，18 岁的他又以优异成绩获得了新的奖学金，终于考进了新西兰大学坎特伯雷学院。当妈妈双手捧着录取通知书，战战兢兢地递给他时，正在田里挖土豆的卢瑟福先是一愣，接着用力扔掉手中的铁锹，吐出一口闷气，仰天长叹道："这也许是我卢瑟福所刨的最后一个土豆了！"说完，他头也不回地跑回了家。

在坎特伯雷学院，卢瑟福很快又以勤奋和赤贫出了名。为弥补奖学金的不足，他不得不同时做几份家教，所以，经常很晚才回宿舍。可哪知一来二去，总是半夜三更为他开门的房东太太的大闺女玛丽竟爱上了这个穷学生。从此，一场旷日持久的恋爱便拉开了序幕。在爱情力量的推动下，他的学业进步更快更大。坎特伯雷学院很一般，师资平平，设备不佳，生源质量也差。更奇怪的是，这个学院开设的课程虽属理科，但所授的学位是文科学位。但所有这一切都未影响他的学习目标。在 21 岁那年，理科生卢瑟福获得了文科学士学位。一年后，他又获得了文科硕士学位。卢瑟福的同班同学后来回忆说：他是一个天真、直爽、讨人喜欢的人，他虽无早熟的才华，但只要认定了目标，就会百折不回，不达目的绝不罢休。

硕士毕业后，卢瑟福开始做科研了。23 岁时，他发表了首篇学术论文，接着制成了能远距离检测无线电波的检波器。再接着，他在新西兰破天荒地发出了第一份电报。一时间，他就成了全国名人。但是，为了糊口，他只好当中学代课教师。客观地说，作为老师，卢瑟福确实不合格。讲课时，他自说自话，让学生听得云里雾里；自习时，课堂纪律一塌糊涂，教室变成了农贸市场。当他准备处分某个学生时，只要那个学生略施小计，稍微用其他事情转移一下他的注意力，便可大事化小，小事化了。

24 岁那年，卢瑟福迎来了人生的转折点。这一年，新西兰大学计划重点培养一名优秀青年，入选者不但能出国留学，还能得到全额奖学金。经过数轮淘汰，最终进入决赛的只剩两位，卢瑟福暂居第二。于是，选手们的未婚妻出场了。冠军的未婚妻选择留在国内结婚，而玛丽则大义凛然，坚决支持卢瑟福，哪怕推迟婚期！于是，卢瑟福获胜，他怀揣着从四面八方筹借来的一点旅费来到英国。乡巴佬卢瑟福迎来了自己的"三喜"：一是他幸运地进入了英国剑桥大学读研究生；二是他幸运地进入了当时整个英国的科学研究中心——剑桥大学卡文迪什实验室；三是他遇到了自己一生中最重要的贵人——卡文迪什实验室主任汤姆孙，成了后者的弟子。需知汤姆孙可是人人仰慕的顶级科学家，而且他特别乐于助人，他手下的弟子想不成才都难哟。

在剑桥大学的三年里，卢瑟福与导师合作演绎了一出师生互敬互助的故事，在科学史上传为佳话。导师的理论强，弟子的实验棒；导师站得高，弟子的思路妙；导师看得远，弟子真敢干；导师的朋友多，弟子善切磋。这师生俩一唱一和，不断取得重大成就。若照此发展下去的话，也许要不了几年，另一位伟大的电磁学家将横空出世。卢瑟福之所以能如此突飞猛进，除了导师汤姆孙的精心指导之外，还归功于另一位"隐形导师"，那就是他的未婚妻、科盲加半文盲的玛丽。为啥如此说呢？卢瑟福曾亲口对玛丽说："好奇怪，每当我遇到难题百思不得其解时就会想到你，只要把你的信件掏出来仔细读一遍，我就会突然茅塞顿开，啥困难都迎刃而解了。"伙计，别酸掉牙，更别掉一地鸡皮疙瘩。想想看，你若也有这么一封情书的话，也许诺贝尔奖就在向你招手了。看来每个成功的男人的身后，还真有一个默默无闻的女人呀！

卢瑟福的科研工作虽硕果累累，但善良的导师始终有一块心病，那就是如何让这个穷得叮当响的得意门生尽早摆脱困境，至少得有钱娶媳妇。1898年，机会终于来了，但前提是导师得忍痛割爱。原来导师打听到，加拿大麦吉耳大学刚好有一空缺，正在高薪聘请物理学教授。于是，爱才如命的汤姆孙为了弟子的前程，毅然咬牙将卢瑟福推了出去。于是，27岁的卢瑟福便只身来到加拿大，在这里待了整整9年，取得了自己的首批诺贝尔奖级成就。1900 年，当时已经 29 岁的卢瑟福终于回到新西兰，娶回了自己朝思暮想的玛丽。他于次年迎来了独生女的降生，幸好没像他爸那样又生一窝"土豆"。不过，在科研方面，卢瑟福好像又回到了儿时刨土豆的年代，取得了众多顶级成果。这显然得益于爱情的力量。

刚结婚不久，卢瑟福将分层的铝片放在铀源上，结果发现铀具有两种可被铝片吸收的辐射，其中一种易被吸收，即穿透力较弱，称为 α 辐射，而另一种难以被吸收，即穿透力较强，称为 β 辐射。后来，他又发现了放射性的半衰期，从此便开拓了核物理这一新学科。1900 年，他又发现钍也具有放射性。于是，他在 1902 年发表了一篇划时代的论文，宣布放射性原子是不稳定的，它通过释放出 α 或 β 粒子自发地变成其他元素的原子。此理论一出，立即轰动了科学界。1904 年，他全面总结了放射性链式蜕变理论，奠定了重元素放射理论的基础，甚至还用放射性估算了地球的年龄，纠正了前人的错误。1905 年，他又发现了同位素，通过测量 α 粒子的电荷质量比，竟发现原来所谓的 α 粒子其实就是氦离子。

望着卢瑟福如变戏法般地取得的这一大堆成就，瑞典皇家科学院的有关人士坐不住了，赶紧召开闭门会议，一致决定将 1908 年的诺贝尔化学奖颁发给这位物理学家。伙计，你没看错，他们确实将化学奖颁给了物理学家，正如当年理科生卢瑟福获得文科学位一样。也许元素属于化学的研究范畴，一种元素会衰变为另一种元素，完全颠覆了"元素不会变化"的传统观念，使人类对物质结构的研究深入到了微观层面，从而开启了崭新的原子时代。

获得诺贝尔奖对卢瑟福来说肯定不意外，但对麦吉耳大学来说很意外。该校花费了 9 年的高薪，白白为他人做了一件嫁衣。原来就在卢瑟福获奖的前一年，他跳槽到了英国的曼彻斯特大学。唉，人算不如天算，早知如此，当初何不把那个乡巴佬在加拿大多留一年呢？

伙计，别以为获得诺贝尔奖后故事就完了，其实精彩才刚开始呢，更多更大的成果即将出现。次年，卢瑟福等人估算出了原子核的半径。1911年，他设计出了"最美物理实验之一"，给出了如今公认的原子太阳系模型，认为原子中含有带正电的核，其周围是高速旋转的电子。该模型还意外刺激了玻尔，让他提出了革命性的量子假设，从而开启了量子时代。1919年，卢瑟福等人又发现了质子，即电荷量为1、相对质量也为1的粒子。后来，他用 γ 射线轰击原子核，实现了人工核反应。这已成为核物理的重要研究手段之一。1921—1924年，卢瑟福等人又预言了重氢和中子的存在，还证实了许多元素都会发生这样的核反应，即捕获一个 α 粒子后释放出一个质子，进而转化为下一种元素。

弟子能取得如此成就，导师当然无比高兴，他在自己即将退休之际向剑桥大学力荐这位得意弟子。于是，1919年卢瑟福接替导师担任了卡文迪什实验室的第四任主任。

前面已说过，作为教师，卢瑟福在课堂上的表现确实不敢恭维，但作为导师，他相当优秀。真的，不信咱就来看看。他造就了大批优秀人才，在其助手和学生中先后竟有至少12人荣获了诺贝尔奖，创下了个人培养诺贝尔奖得主最多的世界纪录。若在诺贝尔奖中增设一项"最佳导师奖"的话，估计非他莫属。也许由于他从恩师汤姆孙那里受益匪浅，所以，他对弟子也百般呵护。比如，他的得意弟子、1922年度诺贝尔物理学奖得主玻尔曾深情地称他为"父亲"。

卢瑟福精心培养学生和助手的许多故事至今还在广泛传颂。据说某天深夜，卢瑟福看到某个学生还待在实验室里，他便关切地问道："这么晚了，还在干啥？"学生答曰："在工作。"卢瑟福再问："你白天都在干啥？"学生回答："也在工作。"哪知卢老师却冷言问道："只顾工作，何时思考呢？"学生恍然大悟："哦，不但要苦干，还要巧干；不但要埋头拉车，更要抬头看路。"

还有一次，卢瑟福与助手合作做实验，并要求助手记下结果。可哪知这位助手忘了带记录本，便随手抄起废纸欲记。卢瑟福一把夺过那张纸责问道："实验结果必须记在专用本子上，你咋忘啦？"助手低声问道："现在咋办呢？""记在你的衣袖上，这样下次就不会忘带笔记本了。"卢瑟福说道。

卢瑟福之所以能成为伟大的导师，有人为他总结了如下六条经验。

第一，他认为科学不分国界，故能引来各国青年精英，形成和睦的国际大家庭。大家齐心协力，做出一流的科研成果。实际上，无论在哪里，他所领导的实验室都被公认为"高级苗圃""物理学家们的麦加圣地""知识的原创中心"和"活跃的研究中心"等。

第二，他主张有教无类，无论是物理学家、数学家或化学家等，他都来者不拒。他鼓励跨专业研讨，相互启发，共同进步。无论是何专业，他都同样重视洞察能力和创新能力，鼓励用最简单的方法解决最复杂的问题，用最简单的实验做出最重要的成果。

第三，他主张学术自由，竭力保护青年才俊的积极性，允许学生大胆猜测，允许出错。他鼓励学生异想天开，但最终要用实验来证实。每当学生迷茫时，他不是将自己的观点告知学生，而是让学生回到实验室中重新做实验，并尽量发挥各种思路的长处。

第四，他始终处于前沿，永远立于科学的"浪尖"上。据说有人曾对此不服，认为卢瑟福只是幸运地"骑在了波峰上"而已。他却意味深长地反问道："难道这幸运的波峰不是我自己造出来的吗？"

第五，作为一名实验物理学家，他十分重视实验观察和研究，放手让学生动手动脑，鼓励他们自己克服困难。他常告诫学生，只有可靠的实验才是科研的牢固基础，实验是建立理论、发展理论和鉴定理论的唯一标准。

第六，他继承和发扬了卡文迪什实验室的优良传统。比如，他每天坚持组织开放式茶歇，让任何人都能平等地接受头脑风暴；不妒忌他人的成就，等等。

1937年10月19日，伟大的科学家卢瑟福病逝于剑桥，享年66岁。为了纪念他的贡献，后人用他的名字命名了第104号元素，并将其名字作为放射性的强度单位。

第三十八回

梅乌奇发明电话，告贝尔输于钱下

话说 2002 年 6 月 15 日，经过长期调查取证，在大量历史事实的支持下，美国众议院通过表决，发布了第 269 号历史性决议，终于为百年前美国法院制造的一桩惊天冤案平了反。该决议开篇就说"意大利伟大发明家梅乌奇的事业既非凡又可悲"，决议结束时说"梅乌奇的毕生成就应该得到肯定，他的发明权必须得到承认"。啥意思呢？一句话，过去大家熟悉的"电话之父"的帽子应该从美国人贝尔的头上摘下，重新戴在梅乌奇的头上，因为他才是电话的真正发明者。加拿大众议院在 6 天后的 6 月 21 日急匆匆地通过了针锋相对的决议，重申"贝尔才是电话的发明者"。一句话，在加拿大政府看来，曾移民加拿大并被誉为"十大杰出加拿大人"的贝尔仍是"电话之父"。而意大利人的态度则更鲜明，因为在过去 100 多年中，在位于佛罗伦萨的梅乌奇的墓碑上，一直都写着："安息吧，电话发明者梅乌奇。"

那么到底谁才是真正的"电话之父"呢？请各位读完本回后自行判断吧。

1808 年（嘉庆十三年）4 月 13 日，在意大利佛罗伦萨诞生了本回主角安东尼奥·梅乌奇（Antonio Meucci），也译为安东尼奥·穆齐。从此，他那悲壮而又神奇的一生就拉开了序幕。他从小就对啥都好奇，动手能力也很强。他既喜欢做实验，也喜欢美术。15 岁那年，梅乌奇考入了佛罗伦萨美术学院，但学的是机械工程设计专业。用今天的话来说，他其实是一位艺术修养极佳的理工男。大学毕业后，他就职于一家歌剧院，担任的职务却是舞台技师，还在 18 岁时发明了一种演出效果很好的烟火推进器。看来，他的爱好和职业得到了完美融合。26 岁那年，他在图书馆中偶遇了一位漂亮的女裁缝。两人一见钟情，很快就结为秦晋之好。照此下去，梅乌奇的一生该像普通市民那样既幸福又平安，更无惊涛骇浪，当然也不会青史留名。

可不善言谈、不爱社交、性情温顺甚至略显懦弱的梅乌奇对当时的政治很感兴趣，他因激烈的言行，先是遭到流放，后来被驱逐出境。那时的意大利并非独立国家，其大部分领土处于奥地利的统治下，另一部分领土则归属众多相对独立的大公国。在梅乌奇出生前 12 年的 1796 年，拿破仑入侵意大利，早已消失数世纪的意大利独立思潮重新显现，梅乌奇便是其中的早期积极分子之一，当然他也付出了巨大牺牲。实际上，直到他已年过半百后的 1861 年，意大利才最终再次独立，并很快走上了对外扩张之路，以至到了墨索里尼时代更妄想与日德一起瓜分世界，直到最终惨败于第二次世界大战。

接着再说梅乌奇。他在被驱逐出意大利后带着新婚妻子四处流浪，后来才在 1835 年 10 月 17 日移民到古巴，很快为当地做出了重大贡献。比如，在到古巴仅仅三个月后，他就利用化学方法解决了长期困扰哈瓦那的城市供水净化问题。30岁生日刚过两天，梅乌奇就进入哈瓦那的塔孔剧院做了一名布景设计师，同时在业余时间行医，用电疗法治病，即对癫痫患者等进行短暂的电击。如此一来，他既可挣点外快，又可继续从事电学研究，毕竟当时电池已普及，电磁感应现象也已被发现7年，感应圈更被用于电击疗法。

不久，聪明的梅乌奇就研制了一套新型电疗仪，其用法如下：让患者口含一个金属簧片，簧片紧连一个感应线圈，线圈再经一条长导线接入放在另一个房间中的高压电池的正极，再让患者紧握连接电池负极的另一条长导线。最后梅乌奇迅速通断电源，用短暂的高压电击治疗疾病。据说，新仪器的疗效不错，还能同时对多个患者进行电击。所以，梅乌奇在当地很快就名声大震。我们当然不想考证其疗效，只想指出：他在41岁那年的某一天正在同时治疗两位患者，将电线从一个房间拉到另一个房间，向患者演示如何同嘴含住簧片。这时，奇迹出现了，他竟然通过连接两个房间的电线，听见了隔壁患者的含糊话音。如今回头再看时，其奥妙可能就藏在那个线圈和簧片上，即簧片扮演了传感器的角色，线圈则将簧片的振动转变成了电流，然后在另一个房间中，电流又通过线圈和簧片重现了声音振动。梅乌奇马上意识到这个奇迹的重要性，立即开始研究"能说话的电报机"。书中暗表，后来将与他争夺电话发明权的贝尔及爱迪生此时才只有两岁。

42岁那年，全然不懂英语的梅乌奇带着妻子移民到纽约，还加入了美国国籍。至于此举的原因嘛，史学家们有几种解释。其一是说，当时古巴的塔孔剧院着火了，失业的他只好到美国谋生。其二是说，他热衷的意大利独立运动让古巴政府不高兴，为了避祸，他只好逃往当时的"自由天堂"。其三是说，此时他在电话研究方面的思路已基本成型，故想来美国这个创业之邦看看能否成功地实现电话的产业化和商业化。无论是何种原因，梅乌奇夫妇移民美国后，确实避开了祸端，也竭尽全力推广了电话。

起初，他们夫妇俩在纽约生产和销售腊肠，并养了 25 只小猫。看来，要么是太太的爱心泛滥，要么是家里卖不掉的腊肠太多，需要处理，因为他们的腊肠生意确实惨淡。后来，他们干脆不卖腊肠，改卖蜡烛，但生意仍不景气，只够勉强维持盈亏平衡。看来，梅乌奇确实不善经商，更不适合创业。不过，他很快就将自己在美国的居所变成了意大利独立运动分子的聚集处，经常主动联系志同道合者。著名的意大利男高音歌唱家萨尔维经常光顾他家，讨论祖国独立问题。意大利独立运动领导人、军人政治家、如今被视为"意大利建国三杰"的加里波第就在他家中躲了三年，一边远程指挥祖国的革命，一边替梅乌奇打理蜡烛厂。这时，梅乌奇已全身心地投入到了电话的研制和改良工作中。

仅从技术角度看，梅乌奇的电话事业进展顺利。在 46 岁那年，他造出了可用的原理样机，只待产业化和市场推广了。但从商业化角度看，梅乌奇遭遇了严重的经济危机，几乎寸步难行。一来，他的许多财产被用于支持祖国的独立事业和电话的研发。二来，由于蜡烛厂经营不善，家里早已入不敷出，全靠吃老本。三来，由于他不善交际，英文沟通也不畅，很难凭借手上的先进电话技术进行融资。四来，雪上加霜的是，心爱的妻子从他 47 岁那年开始就身患重病，在花费了大量医疗费后，最终她还是在他 52 岁那年完全瘫痪了。总之，此时的梅乌奇早已成了一分钱就能难倒的英雄汉。但即使如此，他也未停止电话研发工作。52 岁那年，他勒紧裤带，挤出口粮，专门为瘫痪在床的妻子装配了一套名为 teletrofono 的电话系统，把妻子的卧室和自己的工作室连起来，以便随时通话联系。这一年，他还向公众展示了自己的电话系统，并在纽约的意大利语报纸上介绍了这项发明的相关情况。书中暗表，此时距后来贝尔向美国专利局申请电话专利还有整整 16 年的提前量。

63 岁那年，梅乌奇再次意外遭受祸端。这一年，他在乘坐渡轮过河时，船上的锅炉突然爆炸，125 名乘客当场死亡，另有数百人受伤。在这场灾难中，梅乌奇虽然没死，但被严重烧伤，高昂的抢救费使他家又欠下了一屁股债。在他垂危期间，瘫痪在床的妻子为了救他的性命，不得不忍痛以仅仅 6 美元的价格就把那套电话系统卖给了"一位不知姓名的年轻人"。从鬼门关逃回来的梅乌奇在得知妻子的举动后，既感动又警惕，马上启动了电话技术的专利申请程序，以防万一。这时，他才惊讶地发现专利申请费竟高达 250 美元！这笔钱对当时的他来说无异于天文数字。咋办呢？当时美国专利局还有一种只需每年交付 10 美元的"预告性申请"，它只是向外界宣称发明者拥有取得该专利的优先权，只能防止别人抢先申请同样的专利，但申请者不拥有最终的专利权，且有效期只有一年，必须到时续费，否则就不再拥有优先权。于是，梅乌奇在 1871 年 12 月 28 日咬牙支付了第一年的 10 美元申请费。但即使是这区区 10 美元也压得梅乌奇喘不过气来，他费尽九牛二虎之力也仅仅支撑了三年。待到第四个年头，即 1874 年，他终于弹尽粮绝，自然也就失去了申请电话专利的优先权。

不过，此时的梅乌奇并未彻底放弃努力。他通过第三方与当时美国通信界最大的西部联合电报公司取得联系，希望该公司能与自己合资实现电话的产业化。为了表示合作的诚意，梅乌奇主动将自己的电话技术细节等材料寄给了这家公司的一位高管，可从此就再也没听到任何回音。待到他意识到问题的严重性并想索回自己的技术资料时，对方却告知说："抱歉，资料丢了！"

梅乌奇决定拼死一搏。68 岁那年，他砸锅卖铁，终于凑足了 250 美元。可是待他冲入专利局时才发现曾与自己共用一个实验室的贝尔已在几天前的 1876 年 2 月 14 日向美国专利局提出了电话专利申请（在半个月后的 3 月 3 日顺利获得批准）。非常巧合的是，就在贝尔提出专利申请仅仅两小时后，另一位名叫格雷的人冲进专利局，也要申请电话专利。当然，格雷的技术与梅乌奇的技术确有差别。更让人眼花缭乱的是，爱迪生于 1877 年取得了碳粒送话器的电话发明专利。于是，上半场持续十几年、下半场持续上百年的一场专利混战就开始了。

为了突出重点，本回只关心梅乌奇所介入的局部专利纠纷。首先，梅乌奇将贝尔告上法庭，但由于他"财小气细"，律师不卖力，他的申诉被法院驳回。接着，贝尔以攻为守，反过来状告穷光蛋梅乌奇侵犯自己的名誉权。这下搞得梅乌奇更被动，只有招架之功，全无还手之力，只能不断在报纸上发表各种呼吁书和求助信，甚至向当初在他家中待过三年的加里波第发出请求，希望他能再次回到美国为自己的清白作证。可惜，此时在意大利受到万人敬仰的加里波第已危在旦夕。从此，梅乌奇失去了可以依靠的、最具社会权威的支持者。仅仅两年后，梅乌奇一生中最重要的支持者、他的妻子也撒手人寰。梅乌奇哪能抵挡财大气粗的贝尔？于是，在苦苦支撑了 11 年后，梅乌奇在法院的一审中失去了自己的电话专利权。美国法官威廉·华莱士不顾当时强大的社会舆论压力，在 1887 年 7 月 19 日将电话的发明权判给了贝尔。

梅乌奇自然不服，再次上诉，希望能在终审时夺回自己的知识产权。

可是，天公不作美，早已精疲力竭的梅乌奇在 1889 年 10 月 18 日含冤去世，享年 81 岁。

从此，在电话专利混战的上半场中，与梅乌奇有关的局部纠纷暂告一个段落。但是，上半场并未结束。直到 1892 年，相关各方最终还是用钱平息了争端。至于下半场的专利战结局嘛，本回开篇已介绍过了，此处不再重复。

唉，安息吧，梅乌奇！呜呼，时也，命也！

第三十九回

赖斯率先造电话，格雷贝尔相互掐

电话之父是谁？这是个问题，在今天更是个问题，因为据有案可查的史料，强力竞争者至少有 5 位，他们分别是贝尔、爱迪生、梅乌奇、赖斯和本回主角格雷。其中，最具争议者非贝尔莫属，因为近些年来的许多事件都对他极为不利。曾在 1887 年 7 月 19 日判他为电话发明者的美国政府又在 2002 年 6 月 15 日重新正式确认电话的发明者是意大利的梅乌奇。但是，过去的事实足以表明，贝尔至少可算"电话养父"，而且是很称职的"养父"。由于爱迪生在当年的专利纠纷中未能获胜，而且"电话之父"这样的荣誉对他来说压根儿就无关紧要，故本回只当他为"路人甲"。又由于上回曾专门论述了梅乌奇与贝尔的官司，故本回也只拿梅乌奇当"路人乙"。再由于最早研制出电话的赖斯在专利纠纷前两年就已去世，故本回只让他当配角。好了，下面有请主角登场。

1835 年，慈禧太后出生，莫尔斯电码问世，安徒生开始出版童话集。这一年 8 月 2 日，在美国北卡罗来纳州巴恩斯维尔市的一个贫穷的贵格会教徒家中，诞生了一个身体很虚弱的小男孩伊莱沙·格雷（Elisha Gray）。

格雷很聪明，自学能力也很强，从小就迷恋电报，早在 10 岁前就自己造出了当时已家喻户晓的莫尔斯电报模型。12 岁时，父亲不幸逝世，再加上母亲体弱多病，他从此就开始养家糊口。更不简单的是，他一边做木匠活养家，一边完成了自己的学业。他不但断断续续地读完了预备小学，而且在奥柏林学院读了两年大学。在此期间，他在老师的鼓励下，大胆地开始了电报研究工作。在 32 岁那年，他取得了自己的第一项专利，改进了电报线路的绝缘性。同样也是在 32 岁那年，他还发明了一种后来居主流地位的音响式电报接收机，这种接收机真的可以发出"嘀"和"嗒"的声音。从此以后，收报员只需用耳朵就能完成收报任务，而当时的商用电报机其实都是哑巴，只能在纸上显示所接收到的"点"和"划"。

34 岁那年，格雷创立了自己的公司——西方电气公司，后来获得了当时美国最大的电报公司——西部联合电报公司的多达三分之一股份的大额投资。39 岁时，他离开公司，回到母校奥柏林大学任教，从此走上了发明家的快车道。

据不完全统计，他一生获得了 70 多项发明专利，其中他在 41 岁那年的一项发明即使在今天看来也能让人脑洞大开，它就是所谓的音乐电报。从真实表演的效果看，该音乐电报竟然实现了远程弹钢琴，演奏者在纽约，而观众和钢琴在费城。该电报系统包含 24 对不同频率的音叉，每对均包含两个相同频率的音叉，其中一个音叉在发报方，另一个在收报方。每个音叉上都固定了一个电磁感应线圈。当演奏者敲击发报方的音叉时，音叉振动，引发感应圈振动，从而产生电流。该电流传到收报方后，又使那里的感应圈发生磁振动，音叉同步振动，发出与演奏方相同的声音。这种音乐电报其实就是某种特殊的"电话"，只不过它传递的是琴声而非人声。

不过别急，格雷的真实电话马上就要登场了，因为他不但完成了液体电话机的原理设计，而且完成了电话机送话器等的设计。1876年2月14日，格雷兴冲冲地抱着自己的电话机来到美国专利局。这时他才发现，仅仅在两小时前，一位名叫贝尔的年轻人也提交了电话发明申请书。该申请在3月3日正式获批。又过了几个月，爱迪生提交了自己的另一种电话发明申请书。而实际上在此前5年的1871年，意大利发明家梅乌奇曾向美国专利局提交过电话发明的预申请书；在此前18年的1858年，有一位名叫赖斯的德国发明家早已发明了电话，还生产并销售了50套商品。于是，一场罕见的电话专利大混战很快就全面打响了。由于情况实在太复杂，下面只聚焦于格雷和贝尔之间的纠纷，简称格贝之战。它共持续了11年之久，甚至为了应对频繁的诉讼，贝尔干脆搬到审理法院所在地华盛顿居住。

格贝之战的第一枪是由格雷打响的，他首先将对方告上法庭，声称贝尔剽窃了自己的液体电话机的核心技术，而此战的导火索是贝尔在3月10日所做的那个众所周知的试验。当时，正在做电话试验的贝尔不小心将硫酸洒到大腿上，疼得大叫道："来人啦，救命呀！"可哪知这句话竟通过线路传到了位于另一个房间里的助手的耳中。助手立即狂奔过来，高声叫道："成功啦，成功啦！"

这个尽人皆知的故事却被满腹怨气的格雷以及格雷的同情者们听出了弦外之音：其一，哦，搞了半天，原来在3月10日前，贝尔的所谓电话并未成功过嘛，否则他们就不会如此狂喜了，因此，从纯技术角度看，当时格雷的技术更成熟；其二，从贝尔的专利看，他的电话系统中并无硫酸，而只是今天人们熟知的磁石电话，而格雷的电话才是液体式的，其受话器中确有硫酸。这就意味着在格雷看来，贝尔有可能盗用了自己的液体电话机发明思路。

我们当然不想对格贝之战发表结论性意见，只想指出：从法律角度看，格雷的官司早在百年前就已打输了，至今并未翻案；从发明电话的时间上看，格雷和贝尔都不是先锋。但从最新揭秘的一些史料来看，贝尔确实比较被动，甚至有一位名叫塞思·舒尔曼的记者在格贝之战结束 120 多年后的 2008 年专门出版了一本书《电话的开端：探寻贝尔之秘》，质疑贝尔及其支持者。当然，该书内容也仅供参考，不必全信。这位记者出示的对贝尔不利的新证据主要包含在贝尔生前的一本实验记录本中。该记录本过去一直被贝尔的后代当成传家宝秘密收藏，直到 1976 年才公之于众。1999 年以后，该记录本的电子版被放到网上。于是，包括前述记者在内的许多好事者便从中读出了许多秘密。

秘密一：贝尔当年的专利申请书草稿中包含了大量设想，其实方案并未成熟，特别是草稿上竟有 600 多处标有"不行""不是首次""其思想偷自他人"等文字。这些批注是咋回事呢？特别是"偷自他人"等敏感字样莫非是贝尔自己的调侃？该记录本的内容属于隐私，其书写自然比较随意。若是贝尔自己"主动认罪"的话，这些内容就可能早被其后代妥善处理了。

秘密二：在详细比较了格雷和贝尔的电话机受话器后，可以发现二者的原理确实相似，更重要的是在记录本中，这幅插图和文字下面所标注的时间竟是"1876 年 3 月 10 日"。换句话说，贝尔在 1876 年 2 月 14 日提交专利和 3 月 3 日获得专利前，他未能完成电话机受话器的研制，但他在格雷于 2 月 14 日提交了申请书后短短的半个多月中，就突然做出了与格雷的电话机受话器相似的电话机受话器。

秘密三：记录本中确实记载了后来广泛使用的、同时也与贝尔的正式申请基本一致的电话机受话器插图，但关键是这幅插图下面所标注的时间竟是"1876 年 5 月 21 日"。此时距他正式获得专利的 3 月 3 日已过了两个半月。

根据以上内容，前述记者便得出结论：贝尔其实采取了"先上车后补票"的策略，仅以半成品抢到了专利权，然后再进行改进；而格雷则是老老实实地用成品来提交专利申请，可惜最终却以区区两小时之差痛失人类最重要的专利之一的优先权。难怪在过去 100 多年来一直有人为格雷等人打抱不平。

输掉官司后的格雷此后就再也没有能改变历史的重大发明了，或者说在贝尔耀眼的光环下，格雷变得黯然无光了。1901 年 6 月 21 日，格雷静静地离开了人世，享年 65 岁。时年，马可尼的无线电信号首次跨越大西洋。

细心的读者也许已发现，到目前为止，实用性电话真正最早的发明者赖斯还未正式露面，其原因主要有三。

原因一：早在专利大战之前，赖斯就已去世，所以我们不便将他引入已经混乱不堪的纠纷中，否则更容易把读者搞糊涂了。

原因二：在百年前的那场电话专利大战中，由于赖斯与各方都无利益冲突，所以，贝尔、格雷、爱迪生和梅乌奇等都曾在不同场合表示自己的电话发明受益于赖斯的许多想法，但赖斯的电话效果确实很差，根本不能使用，言下之意就是赖斯自然也就无法与自己争夺电话的发明权了。但是，真相确实如此吗？抱歉，恐怕未必！

在 1947 年之前，所有人都坚信"赖斯的电话不成熟"。但是，据 2003 年 12 月 1 日英国《每日电讯》的报道，英国伦敦科学博物馆馆长偶然发现了一个惊天秘密：自 1947 年开始被保密的一份档案显示，英国标准电话电缆公司（STC）曾专门组织工程师对此前 90 年赖斯的电话方案进行了复盘，结果发现它不但可行，而且通话质量完全可以接受。但当时 STC 为了不影响自己与贝尔家族相关的 AT&T（美国电话电报公司）的合作，便下令将该文件保密。看来，"电话之父"问题确实不简单呀！

原因三：既然从时间和技术上看，赖斯对电话的发明和推广都功不可没，那么也该为他写个小传。可惜，我们已力不从心了，因为赖斯的生平事迹早已所剩无几。如今，人们知道的大概内容如下。

约翰·菲利浦·赖斯（Johann Philipp Reis）于 1834 年 1 月 7 日生于德国黑森林市根豪森镇的一个做面包的犹太家庭。早在他幼年时，父母双亡。他先由奶奶抚养，奶奶去世后再由监护人照顾。大约 10 岁时，他就展现出了异常的才能。在小学里，他不但轻松学好了数理化以及英文、法文等课程，而且经常玩"电话"游戏（用绷紧的细线连接两个纸杯，一方说话，另一方便可在远处听到）。可惜，由于太穷，他没能去中学和大学深造，只好在 16 岁时匆匆当上了一名小学老师。他的教学水平很高，善于引导学生做些有趣的实验。他还是一位活跃的体育爱好者。他在 24 岁那年研制出了自己的第一版电话机。准确地说，他实现了另一位电话先驱查尔斯·布尔瑟在 1854 年提出的一个设想。

1859 年 9 月 14 日，赖斯高高兴兴地将监护人的女儿娶回了家。婚后，他回到母校继续教书。在婚后的第二年和第三年，他分别完成了第二版电话机和第三版电话机。1863年8月28日和1864年11月10日，赖斯先后将自己的电话送到英国科学促进会和曼彻斯特文学与哲学会，进行了公开展示。需要特别指出的是，贝尔本人也曾在1875年3月1日在史密森博物馆中亲自参观过赖斯的电话。可惜，此时赖斯已在1874年1月14日因肺结核在家中去世，年仅40岁。

如今，赖斯的故居已成了"电话之父博物馆"，德国甚至还为他发行了纪念邮票。安息吧，赖斯！安息吧，格雷！

第四十回

贝尔电话通天下，信息社会贡献大

伙计，如今人类能享受到信息社会的诸多便利，其中最大的功臣便是本回主角贝尔。对，就是你经常听到的"贝尔实验室"中的那个"贝尔"、"贝尔电话"中的那个"贝尔"，以及声音单位"分贝"中的那个"贝尔"。有关贝尔的传记过去都重点强调其"电话之父"的身份，可待到最近许多质疑性的证据出现后，许多作家就不知所措了。其实，只要认真分析一下过去百余年来电信业的飞速发展过程，特别是近几十年来社会信息化的全面进步，便不难看出贝尔是不是"电话之父"已不重要了，因为"贝尔"几乎已成为电话的代名词，成为现代通信的一面旗帜了。因此，本回将尽量回避那些可能引发争议的话题，只说他是人类历史上首个电话专利的获得者，毕竟至今没有任何单位撤销过他已获得的专利；同时尽量介绍一个全面甚至略显陌生的贝尔。大家都知道他是 20 世纪最伟大的高科技公司之一 AT&T 的创始人，但可能并不清楚他其实也是顶级学术刊物《科学》和《国家地理杂志》的发起人、著名的伏打实验室的创始人，更是声誉极佳的聋哑教育家，还是残疾人模范、自强不息的代表、著名作家海伦·凯勒的挚友和偶像。好了，闲话少说，下面有请贝尔登场。

1847年（道光二十七年）3月3日，在英国爱丁堡的一个慈善之家诞生了一个大胖墩，名叫亚历山大·格拉汉姆·贝尔（Alexander Graham Bell）。这个小家伙一睁眼就开始滴溜溜地打量世界。半个月前，在大西洋彼岸的美国诞生了发明大王爱迪生。贝尔是家中的老二，上面有一个哥哥，下面有一个弟弟。

他的祖父曾是一个话剧迷，虽不太出名，但总喜欢到处演出，后来突然善心大发，将舞台经验总结成教材，开始以此训练聋哑人说话。祖父一直认为，聋哑人和盲人最痛苦，最需要帮助。父亲继承了祖父的慈善事业，也成了聋哑教育家，早年曾创建过一套深受欢迎的哑语，可让患者借助口形和手势进行交流。因此，父亲备受尊敬。富有爱心的父亲在精心指导一位漂亮的聋哑女孩说话时坠入情网，那个聋哑女孩就是贝尔的妈妈，她后来竟成了一位颇有成就的画家和钢琴家。妈妈虽然听不见，但在倾听儿子的心声时赛过顺风耳。实际上，贝尔兄弟三人的早期教育都由妈妈亲自完成，包括阅读、算术、绘画和钢琴演奏等。在如此充满爱心的家里长大，贝尔难免耳濡目染，继承了家族的许多优良传统，尤其对与语音相关的事物更敏感。这可能也是他后来进入电话领域的深层次原因吧。实际上，可能与许多人想象的不同，贝尔一生所从事的工作其实主要是慈善，而非让他青史留名的电话。准确地说，在电话领域，他更像一位精神领袖；但在慈善领域，他是一位冲锋陷阵的实干家。

上小学期间的贝尔非常调皮，不但考试成绩很差，而且经常将青蛙等小动物带入教室中把玩或解剖。有时局面失控，小动物在课堂上突然乱窜乱叫，吓得女孩们大喊大叫，笑得男孩们前仰后合，气得老师翻白眼，只好三天两头找家长。11岁时，小学毕业后的贝尔进入爱丁堡皇家中学读书。此时，他虽不再调皮，但表现一般，成绩平平，总算在15岁时混了个毕业了事。不过，贝尔并不笨，还很聪明，善于将书本知识用于实践，很早就成了村里的发明神童。当时村里时兴水磨，丰水期自然没问题，水力足够推磨，但到了枯水期就必须借助人力了。如何在枯水期也能让水磨自动运转呢？这时贝尔想起了摩擦力，于是他巧妙地改变了磨齿的形状，减小了摩擦力，解决了困扰全村多年的难题，喜得各家争相模仿。

中学毕业后，贝尔被爸爸送到伦敦的爷爷家里接受严格的教育，家人希望他早日成熟。在此期间，爷爷循循善诱，其渊博的知识让贝尔大开眼界，贝尔产生了强烈的社会责任感，从此下定决心要像爷爷和爸爸一样终生为聋哑人服务。一年后，16岁的贝尔继承家族传统进入了苏格兰埃尔金的一所寄宿制中学，在那里教授聋哑学生。由于拥有爷爷和爸爸传授的经验，贝尔的教学水平迅速提高，他很快就成了聋哑教育界的新秀。19岁那年，贝尔被萨默塞特郡学院聘为特教讲师。

20岁那年，贝尔全家迁往伦敦。这一年，他家发生了许多大事。可喜的是，他与哥哥合作发明了一种"人工喉"，能在吹气后发出真人般的话音。更可喜的是，他与父亲合作开发了一种普适的注音系统，轰动了整个聋哑教育界，被誉为"可见语音"。从此，聋哑学生便可根据相应的注音来调整发声，大大提高了发音的准确性，降低了学习难度。可悲的是，他的弟弟在这一年因染上肺结核而早逝了。

由于在特教方面的突出表现，贝尔在21岁那年的5月被一所私立学校聘为讲师，接着在8月又被邀请到美国去介绍和推广自己的"可见语音"。这其实是一次商业活动，为他后来推广电话积累了宝贵的经验，毕竟贝尔电话的全面成功离不开有效的商业运作。同年10月，贝尔被伦敦大学破格录取，开始正规学习解剖学和生理学，以便研发更好的聋哑教学手段。可惜，他还没来得及毕业，他的哥哥就在1870年也因肺结核而早逝了。在医生的强烈建议下，伤心的父母带着已染上肺结核的贝尔匆匆迁到了遥远的加拿大，寻求新鲜空气，帮助这个儿子早日康复。在离开英国前的告别宴会上，贝尔偶然得到了一本科普书《音的感觉》，其中介绍了德国科学家亥姆霍兹不久前取得的有趣成果（通过电流竟能让电磁铁敲击音叉）。当时贝尔虽对电磁一窍不通，但对任何声音振动研究成果都很感兴趣，因为聋哑教学的重点和难点就是让学生区分不同语句所引发的喉头震动。从此，如何利用电磁手段辅助聋哑教学就成了埋进贝尔心中的一粒种子。

由于父亲在聋哑教育界早已名声显赫，所以刚放下行李，父亲就被加拿大女王大学特聘为讲师。几个月后，美国人也来抢人才。分身乏术的父亲便于1871年4月5日将身体已痊愈的贝尔推荐到了美国波士顿聋哑学校教书。到了美国后，贝尔很快就成了各方争夺的香饽饽。仅仅一年后，25岁的他就被克拉克聋哑学校聘为教授，并在这里遇到了自己人生中的第一位贵人，那就是该校的创始人。此人是一位雄心勃勃的富商兼著名律师，还是马萨诸塞州的参议员。只过了一年，贝尔就被波士顿大学聘为教授，遇到了人生中的第二位也是最重要的一位贵人。贝尔的讲座非常火爆，听众中不但有其他学校的老师，而且有许多聋哑学生。而这第二位贵人便是一位聋哑学生，当时她只有15岁，在很小的时候因患猩红热而失去了听觉，所以一直不会说话。在贝尔的精心指导下，她很快就学会了说话。

这两位贵人到底是如何帮助贝尔的呢？

先说第一位贵人吧。他对贝尔的帮助说来也很简单，就一个字——钱！只要是有关聋哑教学方面的研究，贝尔需要什么，他就给什么。无论是设备、场地或助手，这位贵人都出手大方，非常慷慨。贝尔一生中最得力的助手沃森就是在这位贵人的资助下于 1875 年 1 月聘请到的。有了贵人的大力帮助，当初离开英国前埋在心中的那粒种子自然就开始生根发芽了。在经济上毫无后顾之忧的贝尔此时开始研制电话，只是他自己并未意识到而已。

再说第二位贵人，她对贝尔的帮助说来也只有一个字，但是非常重要的一个字，那就是爱！贝尔像他父亲当初爱上他的妈妈一样，他也爱上了这位聪明漂亮的聋哑姑娘。从此，二人在生活上相互帮助，在事业上相互鼓励。贝尔在研制电话陷入僵局时，她就鼓励他前往华盛顿拜访当时美国最著名的电磁学家、史密森博物馆馆长亨利。非常巧合的是，当时德国发明家赖斯研制的第一部电话机正在这里展出。在看过电话样机并经亨利点拨后，贝尔茅塞顿开。经过若干复杂的操作，他终于在 1876 年 2 月 14 日向美国专利局提交了那份先使他成为"电话之父"而后又引起长达十几年的官司的首个电话专利申请书。

本回并不想对"电话之父"的百年官司说三道四，毕竟其中所涉及的赖斯、梅乌奇、贝尔、格雷和爱迪生等五人都值得后人尊敬和感谢。我们只想从今天的角度回望历史，设想一下这份专利到底判给谁才对人类更有利。首先，贝尔用这份专利为人类所做的巨大贡献有目共睹，无需赘述。

其次，若将这份专利判给电话的最早发明者赖斯，那么他几乎会无所作为，因为他本人在贝尔拿到专利前两年就已去世了。若将这份专利判给命运最悲惨、发明时间也确实早于贝尔的梅乌奇，那么他也难有作为，因为他不久就以 81 岁高龄去世了，而且他完全不懂英文，性格内向，更不善经营和推广。若将这份专利判给提交专利时间只比贝尔晚两小时的格雷，那么格雷几乎会习惯性地将它转让给当时全球最大的电报公司。而该公司几乎不会竭力推广电话，因为电话是该公司当时核心业务（电报）的主要竞争者。若将这份专利判给爱迪生，他更不会全力以赴去推广，一来是因为他也有自己的电报业务，二来他的重要业务是推广电和电灯的应用。从整体上看，电话专利被判给贝尔确为最佳结果，否则人类的信息化历史可能会被重写。

1877 年 7 月 9 日，贝尔成立了自己的电话公司。两天后，他又高高兴兴地将第二位贵人娶回了家，然后恭恭敬敬地与媳妇一起拜见了岳父大人，就是第一位贵人。想想看，既有先进的电话技术，又有岳父这样的精明富商，贝尔的电话事业想不成功都难，哪还需要贝尔自己赤膊上阵呢？两年后，贝尔就离开了公司，重新从事他所热爱的慈善事业。后来，他又取得了 30 余项重要发明。

1922 年 8 月 2 日，贝尔逝世于加拿大巴德克，享年 75 岁。为了表示对他的敬意，8 月 4 日葬礼开始时，美国和加拿大的电话服务均暂停 1 分钟。5 个月后，比他年轻 10 岁的妻子也随他而去。

贝尔去世后，海伦·凯勒在其名著《我的生活故事》中这样回忆说："他（贝尔）既教会了聋哑人说话，也使人类能听到远方的歌声。"2004 年，贝尔被加拿大电视观众评选为"十大杰出加拿大人"。

第四十一回

发明大王爱迪生，经营企业一般人

提起本回主角、发明大王爱迪生，几乎无人不知，无人不晓，但要给他写小传还真不容易，主要是因为他的事迹太多，不知如何取舍。你看，若论技术发明，这位只读过几十天小学的穷孩子所发明的电灯、留声机、电力系统、电影摄影机等对整个人类文明都产生了极大的影响，几乎前无古人，后无来者。他建立的集团化发明体系今天仍是推动高科技发展的强劲动力。他拥有 2000 多项发明和 1500 多项专利，被评为"影响美国的 100 位人物"中的第 9 名。从纯科学角度看，他发现的"爱迪生效应"（通电碳丝蒸发时能在邻近的铜线上产生微弱的电流）启发后人搞出了电子管。在电信领域，他在电报和炭精电话方面的贡献也足以让他流芳百世。因此，本回干脆重点突出他的勤奋和执着，因为若以他这种罕见的专注态度瞄准任何重大科学问题，也许都能成功。诺贝尔奖评审委员会早在 1915 年就将爱迪生同时列为"诺贝尔物理学奖"和"诺贝尔化学奖"的提名者，且排名第一。据说最终未能颁奖的原因是他本人拒绝领奖。

爱迪生的故事开始于道光二十七年。那年在中国诞生了著名武术家黄飞鸿，在美国则诞生了一位著名发明家，他就是本回主角。1847年2月11日，托马斯·阿尔瓦·爱迪生（Thomas Alva Edison）诞生于美国俄亥俄州的一个破落贵族之家。他是家中的老么，排行第七。妈妈是当地一所女子小学的一名教师，育儿经验非常丰富。爱迪生的祖上系荷兰名门望族，爷爷是失败于政治的企业家，早年虽为美国富商，但因独立战争，被迫逃往加拿大。老爸是失败于科技的企业家，本来红红火火的水运生意突然被新开通的火车给断了财路，几近破产。在爱迪生6岁时，全家连衣食都成了问题，以致老爸不得不贱卖家产，匆匆迁往密歇根的一个农村，购得几亩薄田，勉强维持生计。包括爱迪生在内的7个孩子也全都得跟着父亲在地里干些杂活。这时的爱迪生又患了猩红热，差点没去阎王殿，否则就没后续的故事了。

爱迪生的人生肯定输在了起跑线上。这并非指他的家境破落贫寒，而是7岁那年刚入小学不足三个月的他便被老师以"低能儿"的理由毫不留情地赶了出来，从此便结束了学校生涯。随后的所有知识都是他在妈妈的帮助下学得的。爱迪生有一个特点，那就是特别喜欢刨根问底，哪怕是很明白的常识在他的眼里也都有问题。比如，像"风是咋产生的呀"这类问题，老师还能勉强应付几句；可像"为啥1加1等于2而不是4"等奇怪问题，老师就立马傻眼了！为了避免被问得人仰马翻，为了让耳根子清静些，老师干脆一了百了，于是请来爱迪生的妈妈，让她直接将儿子带回了家。

父母对儿子非常了解，也很有信心。他们深知儿子虽算不上聪明，但善于观察，勤于思考，敢于实践。为了探索大树是如何生长的，他就蹲下来认真观察；为了研究树叶为啥是这种形状，他反复思考。至于小鸡是如何从蛋中孵化出来的，他就更得亲自体会了。于是，他真的跳入鸡窝，蹲在鸡蛋上一动不动，盼望着早日孵出鸡宝宝。直到父亲将他从鸡窝中拎将出来，才结束了这个流传至今的呆子笑话。虽然失学了，但爱迪生脑中的问题一点也没减少。只要想到啥问题，哪怕是在大街上，他都会逢人便问，直到满意为止。对爱迪生来说，何止"三人行必有我师"，那简直就是"有人行便有我师"。当然，幼时的爱迪生也少不了为其异想天开而付出代价。有一次，为了揭开火的奥秘，这个愣头青竟点燃了邻家的仓库，于是无辜的屁股遭了一次大殃。

爱迪生的妈妈对他的成长起到了决定性的作用。她压根儿就不相信学校的"低能儿"判断，勇敢地担起了教育儿子的重任。她不但精心呵护爱迪生的好奇心，还将自己所知道的知识一股脑地教给了他，指导他阅读莎士比亚和狄更斯的文学著作，学习吉本的《罗马帝国衰亡史》和休谟的《英国史》等历史书籍，博览潘恩等众多名家的论著。爱迪生被书中洋溢的真知灼见所吸引，受益终生。妈妈的良好教育方法让爱迪生很早就意识到了读书的重要性，再加上他一目十行且过目不忘的天赋，他不但知识丰富，还能将各种知识相互融合。这对他后来的发明非常有用。妈妈还经常鼓励儿子亲自动手验证书本知识。一次，讲到伽利略的比萨斜塔实验时，妈妈便让儿子将一大一小两个球从高空抛下，结果它们真的同时落地。从此，实践方法便深深地嵌入了爱迪生的脑海。

大约在他 10 岁那年，妈妈给爱迪生买了一本科普读物《自然读本》。哇，这小子一下子就被书中的实验迷住了，从此便一发不可收拾。他非要按书中的指引把所有实验都亲手验证一遍。没实验场所，他就把家中的地下室清理出来；没有仪器，他就四处收罗了一堆瓶瓶罐罐。至于必要的化学药品嘛，他只好千方百计挣钱购买。就这样，爱迪生的实验技能迅速提高了。当然，爱迪生并非只是重复书本实验，也经常大胆联想和创新。有一次，受小鸟启发，他想"让人自由飞翔"。于是，当他看见气泡能飞、发酵粉能产生气泡时，便想出了自己的"飞人方案"：人若吃下发酵粉，肚里便会产生气泡；肚里的气泡能飞，当然就能带动人飞翔。方案一出，他立马付诸行动，神秘地告诉邻家小孩："吃下这包仙丹，你便能飞，也许能飞上天堂。"结果，这个小孩自然没能飞上天堂，而是差点下了地狱。随后，爱迪生的小屁股又毫无悬念地遭了一次殃。

11岁时，家里的经济条件越来越糟，爱迪生不得不自谋生路。起初，他帮人跑腿送货，后来又到火车上卖报。由于他腿勤嘴勤，卖报收入不但能基本维持生计，还可挤出少许余额，用于购买化学药品和书籍。由于长年待在火车上，为使卖报和实验两不误，爱迪生竟花言巧语说服了列车长允许他用长期空置的角落做化学实验。可没过多久，爱迪生便被赶下了列车，移动实验室也被彻底捣毁了。原来这又是化学实验惹的祸。大约在15岁那年，爱迪生在颠簸的火车上做实验时，一不小心打翻了黄磷瓶，于是引发了火灾。这一次，可怜的爱迪生付出的代价就不只是屁股开花了，而是被气急败坏的列车长一巴掌扇聋了右耳，从此也结束了他的报童生涯！

好在天无绝人之路。在被赶下火车后不久，大约是1862年8月的某一天，爱迪生见义勇为，在飞驰的列车前奋不顾身地救出了一个小孩。哪知这个小孩竟是火车站站长的孩子。于是，站长便亲自教他发报，希望将他培养成电报员。站长精心教，爱迪生认真学。经过短短四个月的磨炼，勤学好问的爱迪生熟练掌握了电报收发技术，还能自制发电报的电键，学会了不少电工知识，以致他后来的许多发明都与电工密切相关。1863年，经站长推荐，爱迪生被聘为某铁路枢纽站的电信报务员，但不久便被解雇了。原来爱迪生被神奇的电报技术迷住了，他已不满足于只当一位普通报务员，而是想有所创新，甚至不惜违规取巧。为了防止电报员夜间偷懒睡觉而造成重大事故，铁路局规定，每隔一小时，报务员就得向局里发送一个信号。为了摆脱这个约束，爱迪生竟将电报机与钟表连接，让机器按时自动向局里发信号。很快，爱迪生的这个秘密便被发现了，于是他再一次被砸了饭碗，毕竟这样的取巧确实太危险，不该提倡。

失业后的爱迪生非常狼狈，生活没着落，工作更不稳定。据不完全统计，从1864年至1867年，爱迪生几乎过着流浪生活，工作单位换了十余个。其中，他至少五次被开除，另外几次是被迫辞职。他的足迹更是遍及美国各州。爱迪生之所以如此不受待见，绝非因为他的收发报水平不高，也不是因为他不热爱报务员这个职业；而是他的心思没放在收发报的具体事务上，只想发现电报技术中的各种问题，并试图做出相应的改进。比如，当他发现在一条线路上不能同时收发两个以上的电报时，便开始着魔般地思考解决方案。虽然为此又被炒了鱿鱼，但他仍不放弃，直到数年后最终研制出四重电报机。爱迪生的衣袋里总是装着一个小本子，以便随时记下各种灵感。在收发报的紧要关头，他也会突然停下工作，拿起小本子记下某个闪念。这也是他常被解雇的另一个原因。当然，爱迪生被解雇的最主要的原因还是他随时随地都在做各种实验，特别是危险的化学实验。上班时，他偷偷在单位里做实验；晚上回家，他在宿舍里熬夜做实验。一旦出现事故，他就会被老板炒鱿鱼，或者被房东赶出去，于是便又会开始一段新的流浪生涯。

爱迪生作为"发明大王"的序幕是由名著《法拉第电学研究》拉开的。该书浅显易懂，既无高深的数学推导，又有特别新颖的思路，很对爱迪生的胃口。在一段时间内，此书几乎成了他的影子。他在吃饭时看书，睡觉时看书，工作的"闲暇"时间也看书，他还做了大量实验来验证书中的内容，从而获得了更多电学知识。后来，爱迪生回忆说："一生中对我帮助最大的书籍当数《法拉第电学研究》了。"

其实，爱迪生的发明生涯开始并不顺利。21 岁那年，经过一通莫名其妙的瞎鼓捣后，他取得了自己的首项专利，发明了一种自动快速投票计数器。满心欢喜的他本以为能赢得国会的订单，可哪知被当头泼了一盆冷水，原来国会议员明确告诉他"慢慢投票与计票有时也是政治需要"。从此，爱迪生接受教训，再也不做无用的发明了，而是首先从现实需求中发现问题，然后试图以新发明来解决这些问题。

后来，爱迪生总算挖到了自己的第一桶金。23 岁那年，他发明了一种通用印刷机，并成功地将专利卖给了一家大公司。对方出奇地大方，竟主动付给他 4 万美元。这对当时的爱迪生来说无疑是个"天价"。于是，他赶紧利用这笔钱建了一座工厂，专门研制各种电气设备。从此，爱迪生便进入了成果转化的良性循环：新发明完成后，通过出售专利或自产自销等方式获取收益，然后将这些利润投入新的发明中，取得更多专利。由于爱迪生的专利太多，涉及面太广，我们不可能逐一详述，但他的发明思路清晰可见，主要有如下三类。

第一类是逆向思维型，即颠倒因果，换位思考。一般来说，因果并非总能颠倒，但有时确实能颠倒。30岁那年，爱迪生基于逆向思维发明了留声机。原来爱迪生在研究电话时发现声音能使薄片产生颤动，反过来，薄片的颤动也能产生声音。换句话说，若能将薄片的颤动情况记录下来并加以恢复，那么便可将声音也记录下来并加以恢复。如何记录薄片的颤动情况呢？在薄片上装一根尖针后，薄片的颤动便能使尖针在移动的蜡版上扎出深浅不一的小孔。又如何恢复颤动过程呢？只需反过来让该尖针在移动的蜡版上顺序移过，便可引起薄片相应的颤动。经过这样几次摸索后，留声机便被发明出来了。

第二类是笨蛋蛮力型，即老老实实地对所有可能的情况进行仔细排查，直至找到理想答案。31岁那年，爱迪生开始研究电灯，而其关键就是要找出最佳灯丝材料。为此，他花费了一年多时间，在试用了1600多种材料后，才找到了能连续使用45小时的碳化棉丝。接着，他又花费一年多时间，在试用了6000多种竹子后，才找到了可持续使用上千小时的碳化竹丝。大家千万别小看这种穷举式的笨办法，它可能是科学研究中最通用的办法。这也是爱迪生会说"所谓天才，其实就是百分之一的灵感，再加上百分之九十九的汗水"的原因。但是，也请各位千万注意，爱迪生紧接着又说过"但那百分之一的灵感才是最重要的"。可见，这里所谓的"笨"绝非不讲技巧的真笨。

第三类是广泛联想型。41岁时，爱迪生开始研究电影放映机，其灵感便来自发散思维的广泛联想。他先从张三那里买回了连续底片，又从李四那里获得了新型感光胶片，再从王五那里采购了胶片连续显示装置，还充分利用了心理学家发现的视觉暂留现象，甚至从儿童玩具中得到启发。终于，他将若干看似毫不相关的技术和成果集成在一起，于44岁那年发明了活动电影放映机。

爱迪生在发明创造的组织管理方面还有一个易被忽略的重大创举，其影响可能比某项具体发明更长远、更巨大。那就是他首次将过去单兵游勇式的发明行为变成了集团化的商业行为，从而使得相关发明创造的效率更高，规模更大，内容更丰富，对人类的贡献更大。这也是他能拥有上千项专利的重要原因。换句话说，爱迪生名下的许多发明其实是集体创作的结果，或者说是在他的领导下众人分工合作的结果。爱迪生的这种模式在今天更值得发扬光大。

爱迪生既是一名发明家，也是一个企业家。每当有重大新发明时，他都会努力将其产业化。从理论上看，他的许多发明都该使自己赚个盆满钵满，但事实并非如此，他的许多企业都以倒闭而告终。比如，他的留声机公司输给了哥伦比亚唱片公司，直至最终倒闭。他的通用电气公司被对手并购，致使他本人黯然出局。他好不容易才发明的新型选矿法还来不及产生利润，便被对手挤死，以至 51 岁的他不但耗尽了全部财产，还负债累累。他的新型蓄电池上市后不久便因质量问题而被迫下架。算了，甭提伤心事了。总之作为企业家，爱迪生的业绩很一般。

不过，作为丈夫和父亲，爱迪生还是基本合格的。他结过两次婚，共生养了 6 个子女。第一次结婚时间是 1871 年的圣诞节。据说这天一大早，24 岁的他就急匆匆地出了家门，可很快就折返回来。他不知所措地来回踱步，好像忘了啥大事。直到看见自己身上不常穿的西装后，他才突然想起当天是结婚的大日子。于是，他火速冲出家门，娶回了认识刚两个月、年仅 16 岁的妻子。12 年后，第一任妻子便于 1884 年 8 月 9 日因病去世。当时爱迪生正在纽约与新员工特斯拉（也是他后来最大的竞争对手）一起着魔般地研制直流发电机，没能与妻子见上最后一面。两年后，39 岁的爱迪生娶回了年仅 19 岁的第二任妻子，一位文雅美丽的大学生。后来，她成了他的得力助手，并陪伴他度过了整整 45 年。

爱迪生的晚年生活很有特色。实际上，他的晚年仍像青壮年时期一样，生命不息，发明不止。比如，他进一步改进了留声机，将它由圆筒形改为圆盘形，还通过"笨蛋蛮力法"找到了当时最令人满意的唱片材料。他又将留声机与电影放映机结合，通过"广泛联想法"发明了有声电影。无论什么困难和打击都阻挡不了爱迪生的发明激情。67 岁那年，当影片实验室被烧毁后，他坚定地说："幸好，我还不算老，明天再重来。"74 岁那年，当被问及何时退休时，他说："没想过，我的精力还充沛着呢。"80 岁时，他仍表示："我能活多久，就工作多久。"81 岁时，他仍沉溺于橡胶实验，竟忘掉了自己的生日庆典。他每天工作至少 10 小时，还常常诙谐地说道："现在每天睡 4 小时就够了，待到死后，再慢慢长眠吧。"

1931 年 10 月 18 日凌晨 3 点 24 分，爱迪生在睡梦中安然离世，享年 84 岁。这回他终于可以安心长眠了。为了缅怀其丰功伟绩，美国政府下令全国停电 1 分钟。在这 1 分钟里，美国仿佛又回到了古老的煤油灯时代。这时，人们才能更深切地体会到爱迪生的伟大。正如时任美国总统胡佛所说："他（爱迪生）是伟大的发明家，也是人类的恩人。"

第四十二回

倔强穷娃西门子，狱中创建实验室

     提起西门子，你肯定立马想起那个百年公司。没错，本回主角确实是这个巨无霸的创始人。他是一位著名的发明家、物理学家和电气专家。他铺设和改进了海底电缆和地下电缆，修建了电气化铁路，提出了平炉炼钢法，发明了指针式电报机、直流电动机、直流发电机、有轨电车、无轨电车、电力机车和电梯等。他生前曾被柏林大学和海德堡大学等授予名誉博士，还被柏林科学院聘为研究员。他死后，电学界更将其名用作电导、电纳、导纳等的国际度量单位。他的事迹也很传奇，君若不信，请读下文。

    恩斯特·维尔纳·冯·西门子（Ernst Werner von Siemens）于 1816 年 12 月 13 日诞生在德国汉诺威的一个穷光蛋农民家中。此前一年印度尼西亚的坦博拉火山爆发，烟尘遮天蔽日，竟冲入高达 44 千米的平流层，致使北半球气温严重反常，亚欧美均遭大灾，惊现 400 年未遇低温，农业受损尤甚，中国云南爆发大饥荒。当然，西门子家也爆发了大饥荒。西门子是家中的老四，他还有多达 8 个嗷嗷待哺的弟弟妹妹。

父亲本是受过高等教育的德国人，年轻时还积极投身政治运动，曾为了德国的统一，冒死在沙场上与拿破仑的军队厮杀。战败后，父亲逃到汉诺威附近的伦特庄园，向一位地主租了几亩薄田，勉强维持生计。后来，父亲娶了当地一位更穷的姑娘。两口子兢兢业业，吃苦耐劳，但架不住农田连年歉收。由于没钱治病，三个哥哥不幸夭折，西门子也被动地成为家中长子，不得不很早就担负起养家糊口的重任。所以，他终生的长子意识都很强，父母去世后更是如此。当时，欧洲正处于战乱时期，德国尚未统一，只是一个较松散的邦联，有些领土属于丹麦、普鲁士、奥地利等，而西门子的出生地则受控于英国。后来，向往自由的父亲带着全家人搬到了普鲁士的领地，暂把他乡当家乡。西门子在这里度过了贫寒而快乐的童年。据说，有一次，一只大公鹅傲慢地挡住了西门子小朋友的去路。于是，一场人鹅大战就在田间扑腾着打响了。双方互不相让，喙来脚踢，翅来拳迎。经过一番两败俱伤的持久战后，大公鹅认输逃跑了。鼻青脸肿的西门子从此意识到，凡事只要坚持，就一定能成功。这次小胜对西门子的影响颇大。老年后，他经常回忆道，自己的性格倔强，全靠这只大公鹅的历练。他说："每遇逆境，败鹅就会不知不觉地提醒我：别逃避，要勇敢斗争。"

西门子的早期教育先是由奶奶负责。她既讲狼外婆的故事，又教孙子读书写字，要求他背诵许多儿歌和诗词，以增强记忆力。后来，爸爸接过教鞭，在田间地头给儿子讲授更高深的知识，如世界史和民俗学等。爸爸的讲解不但内容丰富，而且新奇诱人，为西门子的世界观的形成奠定了基础。11 岁时，父亲将西门子送进市区的一所正规中学，本想让他在那里接受更好的教育，可后来发现，对幼小的西门子来说学校实在太远。于是，父亲一咬牙，勒紧裤带为子女们请回一位家庭教师——某神学院的一名穷大学生。从此，西门子的生活发生了第一次转折。这位大学生精通儿童心理学，善于调动大家的积极性和责任感，很快就唤醒了西门子对学习的渴望和进取心。他无需大人督促就会自觉学习，即使偶尔需要督促，那也是提醒他别太用功，别劳累过度。可惜半年后，那位深受爱戴的大学生就因病去世了。不久，父亲又聘来一位年迈的家庭教师。他制定了许多规矩，要求大家认真做事，举止文明。可惜两年后，这位老人家又病故了。于是，16岁的西门子经过考试，直接插班进入了卡特琳中学的五年级。该校当时主要讲授文学课程，这使得西门子的文科功底很扎实，以致后来他能为自己的公司建立一套百年不衰的文化体系。除了文学外，西门子还很喜欢数学，因为他想毕业后报考柏林建筑学院，以便找份好工作。

理想很丰满，现实很骨感。待到西门子准备考大学时，他才发现柏林建筑学院的学费高得吓人。咋办呢？天无绝人之路，西门子了解到自己可走曲线读书之路，先到普鲁士王国的工兵部队当几年兵，然后就可以免费进入炮兵工程学校，从那里学到与柏林建筑学院相同的课程，退役后照样可以从事自己喜爱的建筑专业。这个想法大受父亲的鼓励，因为父亲的心中一直就有统一德国的梦想，而且他坚信普鲁士军队定能成此大业。

18岁那年，西门子只身前往普鲁士首都柏林，几经周折总算进了炮兵部队。那时想如此曲线读书的人很多，幸好西门子的成绩确实比他人高一大截。后来，经过半年的刻苦训练，西门子被晋升为上等兵，毕竟穷人家的孩子最不怕的就是吃苦。19岁那年，西门子终于如愿以偿，进入了柏林联合炮兵学院，免费学习了三年。这也是他最得意的三年，更是他人生的第二个转折点。在此期间，他不但全面掌握了数理化等知识，为随后的发明之路做好了铺垫，而且通过了非常严格的、逼近体能极限的军事训练，顺利实现了从候补军官到军官再到炮兵军官的三级跳。当时，军官的社会地位很高，不但颇受市民的敬重，而且能参加王室及上流社会的活动。西门子在军校的成功绝非偶然，完全是他勤奋努力的结果。他是当时全校最肯吃苦受累的学员之一，别人不愿干和不敢干的事情，他都抢着干。当然，他也为此付出了沉重代价。有一次，需要做一个危险试验，检测一种新型炮栓的有效性。西门子领了军令，结果炮弹意外发射，猛烈的爆炸声震聋了他的双耳。但倔强的西门子并未因此而后退，反而更加勇猛，更加敢于冒险。1838 年，22 岁的西门子从军校毕业，获得了少尉军衔，并被分配到马格德堡炮兵部队。

至于西门子在炮兵部队的表现，目前我们已不得而知，但他至少发生了两次重大意外。第一次意外是，他在 24 岁那年，不知何故，竟然卷入了一场决斗，造成严重后果。最终，他被判刑 5 年，让人唏嘘不已，惋惜他那本该十分美好的无量前程。第二次意外是他的人生又发生了一次重大转折，他竟然在监狱里一边服刑一边做科研，还正儿八经地创建了自己的首个小型实验室，各种电气设备一应俱全，参考书籍应有尽有。于是，在狱中，他心平气和，竟然通过电解法成功地掌握了镀金技术。他赶紧对电镀法进行整理，还起草了一份专利申请书，获得了为期 5 年的普鲁士专利。消息一出，珠宝商们蜂拥到监狱拜访他，争相购买他的镀金技术。国王一看，哇，狱中竟有如此人才，便立即签署赦令，让他重获自由。

提前出狱后，27 岁的西门子高价卖掉镀金专利，捞到了第一桶金，解决了弟弟妹妹们的创业、读书和经济问题，自己从此实现了财务自由，可以从事真正喜欢的工作。28岁时，他在巴黎参观了首届法国工业博览会，大受启发。回家后，他放弃以前的短平快思路，开始了严谨的科学研究。第二年，他发表了几篇重要的学术论文，接着就将兴趣转向后来使他名垂青史的电信事业。

30岁那年，西门子退役，结束了军旅生涯。他发现，杜仲胶具有良好的绝缘性能，可用于制作绝缘电缆。于是，他当机立断，于31岁那年创办了后来名震四海的西门子公司。果然开门大吉，他很快就承接了一个大订单，在柏林和法兰克福之间建成了世界上第一条地下电报线路，长达500千米。接着，他的电缆便畅销全欧洲。在商业上凯歌高奏的同时，西门子在科研中也取得了新突破。他成功地研制出了一种新型指针式电报机，可用指针直观地指示所传字母而非莫尔斯码，从而降低了操作难度，使任何人无须培训就能收发电报。这便是他的公司的又一核心产品。此后，西门子便在创新路上纵情狂奔，发明了许多产品，如水表、铁路信号器、酒精测量器、路灯、电梯、有轨电车、直流发电机等。经兄弟姐妹们的齐心协力，公司的业务不断拓宽，甚至在钢铁制造等方面进入世界前列。西门子为啥总有那么多使不完的劲儿，总能从一个胜利走向另一胜利？对此，他自己说道："只要精力旺盛，你就在成长；一旦成熟了，你就会开始腐烂。只有不断寻找新的发展点，你才会不断前进。"

哦，对了，西门子可不是只懂发明的呆子哟。在商业推广方面，他也是罕见的奇才。在公司开业的第二年，"1848年欧洲革命"爆发，这是欧洲历史上规模最大的革命运动，几乎波及全欧洲。但是，在各方打成一锅粥时，西门子却提着样机在战场上来回穿梭，推销他那刚刚发明出来的傻瓜式电报机。战争结束后，他赚了个盆满钵满。

后来，他承接了俄罗斯高加索地区的铜矿开采工程。他建好了大片厂房，修通了崎岖的山路，运来了庞大的设备。万事俱备后，他才突然发现只欠东风！这股东风就是工人，招募工人成了一个难题。当地居民宁愿吃糠咽菜，也不愿当工人。咋办呢？好办！西门子亲临现场，很快就找到了一个妙法。他甚至无须搭建七星坛，更不用装腔作势弄法术，只对当地包工头如此这般说了几句，就让男人们为报名当工人而挤得头破血流。原来包工头马上请出当地的几位女性，请她们在空置的砖瓦厂房里免费住几天，让她们亲身体会一下，与传统洞穴相比，砖瓦房是多么舒适。于是，一传十，十传百，男人们很快就明白：若单靠洞穴和粗茶淡饭，今后肯定打光棍；要想靠建砖瓦房娶媳妇，最佳捷径就在眼前，那就是到矿区当工人。怎么样，西门子够机灵吧！

在生活方面，西门子曾有过两段婚姻。1852 年 10 月 1 日，36 岁的他娶回了第一任太太，可惜她在连续生下两个孩子的短短三年后，就于 1855 年病逝了。53 岁那年，西门子又迎娶了第二任太太，后来又生了两个孩子。孩子们健康成长，结婚生子，使得晚年的西门子享尽了儿孙满堂的天伦之乐。1890 年，西门子将公司的领导权顺利移交给了小弟弟和大儿子。此前两年，德国皇帝已授予他贵族称号，这也是他的全名中带有贵族标志"冯"的原因。

1892 年 12 月 6 日，集科学家、发明家和企业家于一身的西门子在夏洛滕堡逝世，终年 75 岁。他留下了很特别的遗言，他说："假如我还有悲哀的话，那么我最难过的就是现在不得不与亲人告别，不得不离开我所钟爱的科研事业。"他也留下了很特别的产业，因为它确实太大了；更留下了很特别的企业文化基因，这也是他的公司后来能长盛不衰的重要原因。

第四十三回

福雷斯特命不行，成功接力弗莱明

1873年8月26日，本回主角李·德·福雷斯特（Lee De Forest）诞生于美国爱荷华州的一个宗教世家。他的祖先曾是新教胡格诺派的领导人，当年曾想以教育为手段抢夺天主教的地盘，结果受到迫害，不得不在约两百年前从法国逃到美国。从此，这个家族一直从事宗教和教育事业。

6岁那年，全家迁往亚拉巴马州，因为老爸在那里的一个白人社区接手了一所因坚持招收黑人学生而遭到白人抵制以致即将破产的教会学校，并顽固地要把它继续办成不分性别、不分教派、不分种族、不分肤色的学校。因此，他们全家在当地都不受待见，没人愿意与之交往。福雷斯特也就没有朋友，他的性格孤僻而又偏执，只要是他认定的事就非得坚持到底。

童年时的福雷斯特并不出众，志向也不远大。他只想做个机械师，自然被老师认定没啥出息。他的唯一爱好就是拆装各种机械小玩意儿。在 13 岁时，他就造出了好几种小机器。从 18 岁起，他进入马萨诸塞州的一所男子学校读书，准备大学的入学考试。20 岁那年，他成功地考取耶鲁大学并获得奖学金，但仍被同学鄙视，被大家称为"最平庸、最神经质的学生"。因为在整个大学期间，除了电磁波等电学课程外，他似乎对其他课程都没兴趣。由于奖学金有限，家里又穷，他不得不一边学习一边勤工俭学，同时积极参加各种发明竞赛和论文征集活动。他坚信自己能成为名利双收的发明家，希望通过竞赛中的突出表现找到伯乐。可惜没人发现他这匹千里马，反而只当他是丑小鸭。

23 岁那年，福雷斯特开始攻读研究生，但仍不受待见，因为不知何故，无论他多么小心谨慎，总会在实验中引发各种意外。在电学实验中，他曾多次烧断保险丝，导致全楼停电。即使被反复警告要小心再小心，他还是在一次大型演讲中搞灭了会场的电灯，让一名著名教授狼狈不堪。

唉，实在无奈的福雷斯特只好转身参了军，轻松打赢了一场美西战争。

凯旋后，他继续回校读书，总算在 26 岁那年难得地双喜临门。一喜是他终于完成学业，在著名的数学家、物理学家、向量分析创立者吉布斯教授的指导下，以论文《平行导线两端赫兹波的反射作用》获得了耶鲁大学的物理学博士学位。二喜是在当年（1899 年）的纽约国际快艇比赛期间，刚发明无线电报的马可尼亲自带着自己的"神器"前来进行人类历史上的首次全球性赛事现场报道。哇，一时间，舆论沸腾，马可尼更成为众人仰慕的英雄。此次转播的盛况自不必说，关键是赛后马可尼再次向人们演示了无线电报的妙用。本来性格内向的福雷斯特一反常态，不管三七二十一，分开人群，大胆挤到马可尼面前，急切地请教了许多电磁波问题。正因这次与马可尼的短暂接触，他知道了研制无线电报的重点和难点。当时的电磁波检波器的灵敏度太差，严重影响了收发效果，还需继续改进。如醍醐灌顶的他立即找到了自己的人生目标，立志要在电信领域大展宏图。

博士毕业后，本来他仅凭博士论文是美国首篇涉及无线电波的论文这一条就可以轻松留校任教，从此过上舒适的生活。可马可尼点拨他的那几句话让他迫不及待地要进入实业界，尽快解决检波器的灵敏度问题。于是，他连工资待遇都不顾，匆匆找了一份自认为满意的职业，然后就在业余时间埋头做实验，不顾一切地研究检波器问题。几个月后，他不但发明了有效距离远达 7 千米的新型电解检波器，而且发明了与之配套的交流发射机。

这些发明的水平咋样呢？福雷斯特信心满满，甚至想挑战马可尼。于是，在两年后的 1901 年纽约国际快艇赛期间，他像当年的马可尼那样，也要用自己的无线电报来转播赛场实况，结果失败了。一气之下，他竟把自己这两年多的成果统统扔进大海。

1902 年 1 月，福雷斯特偶遇一位老板。两人一拍即合，便在纽约的泰晤士街租了一间破屋，创办了一家公司，重点推广他的另一项新发明——无线电报的信号加速设备。这位老板任总经理，福雷斯特任技术总监。1906 年 11 月 28 日，福雷斯特净身出户，眼睁睁地看着老板挣钱，自己只能流落街头。他忍饥挨饿，改进了自己当年的那套无线电报系统，并成功地报道了日俄战争。

花开两朵，各表一枝。趁主角流落纽约街头之际，我们赶紧请出本回配角。他也是一位运气欠佳的苦命人，全名为约翰·安布罗斯·弗莱明（John Ambrose Fleming），1864 年 11 月 29 日生于英国兰开夏郡。当弗莱明 18 岁担任爱迪生电光公司的技术顾问时，爱迪生刚好发现了著名的爱迪生效应。弗莱明对此印象深刻，随时都在思考这一奇怪现象，但总也找不到它的用处。14 年后，32 岁的弗莱明又成了马可尼无线电公司的顾问，任务是研制和改进无线电报接收机中的检波器。这时，爱迪生效应就意外派上了用场。弗莱明根据这一现象发明了人类历史上首个电子器件——真空二极管。它其实就是一个两端分别接有正负极的真空玻璃管，在管内的正负极处分别封装了两个金属薄片。只要给真空二极管的正极加上高频交变电压，便会出现爱迪生效应，因此也能用于检测电磁波。此外，真空二极管还能用于整流，交流电通过它后将变成直流电。1904 年 11 月 16 日，弗莱明取得了真空二极管的英国专利。从此，电子管诞生，世界开始迈向电子时代。此外，弗莱明还发现了著名的电磁学右手定则。可惜，弗莱明膝下无子，他于 1945 年 4 月 18 日以 80 岁高龄去世。他在去世前只好将大部分财产捐给了慈善机构。

客观来说，弗莱明发明的真空二极管并未彻底推开电子时代的大门，还需有人再来补上一把。于是，福雷斯特来了。他在纽约街头流浪时，偶然知道了弗莱明发明真空二极管的消息。一时间，山穷水尽的他眼前一亮，顿感柳暗花明又一村。他再也等不及了，一路狂奔，穿街走巷，先是选购玻璃管，接着又添置真空抽气机，尽快找齐相关材料，打算复制并验证弗莱明的真空二极管。他一边采购一边思考，待到实验材料凑齐时，他的真空二极管设计方案就已胸有成竹了。他用一段白金细线当灯丝，也像弗莱明一样，在灯丝附近安装一小块金属屏板，再把玻璃管抽成真空。灯丝通电后，他果然观察到了爱迪生效应，那一小块金属屏板中也产生了电流。当时是 1906 年，福雷斯特刚刚 33 岁。

福雷斯特的最终目的显然不是验证弗莱明的真空二极管，而是想发明更多的东西。但更多的东西到底是啥呢？他其实也不知道，只好反复实验，反复调整真空二极管中各部件的位置和形状，反复对电流的大小和方向等参数进行调整和测量。总之，他无异于一只瞎猫，想拼命碰到那只死老鼠。书说简短，经过不知多少次实验后，他终于在无意中将二极管改造成了三极管，其实是在二极管的两极间再装一根 Z 形导线。但神奇的现象出现了，只要把一个微小的变化着的电压加到 Z 形导线上，就能在原来的正负极上接收到一个与输入信号的变化规律完全相同而强度大幅度增加的电流。换句话说，Z 形电极对原来的正负极有控制作用，三极管对信号有放大作用，而这正是过去许多发明家梦寐以求的目标。从此，三极管成了被广泛使用的电子器件，它可作为灵敏度极高的检波器，从而为无线电通信奠定了基础。所以，福雷斯特也被称为"无线电之父"。三极管的信号放大作用使得长途电话线路突破了原来的距离极限，这也是我们说他是长途电话功臣的原因。当然，三极管的用途还远不止此。例如，它可以产生振荡电流，可以改变电信号的频率，可以实现有声电影等。人们后来又发现三极管还可以充当开关器件，其速度快于过去的同类器件，从而在电子计算机中得到了应用。总之，三极管使福雷斯特成了"广播之父""电视之父"和"电子管之父"，甚至还影响了整个 20 世纪电子技术的发展。

当时（1906 年）福雷斯特对三极管的原理并不十分清楚，在后来的数十年中，他对三极管进行了多方面的改进、应用和理论研究，取得了一大批成果。1907 年，他把 Z 形导线改进为栅栏，大大增强了三极管的信号控制和放大能力，并向美国专利局申请了发明专利。1908 年，他在巴黎的埃菲尔铁塔上进行了人类历史上的首次大规模、大功率无线电广播，该地区的所有军事电台和马赛的一个业余电台都听到了他的声音。1910 年，他又用三极管播放了一位歌手的演唱会，轰动一时。

伙计，你一定以为福雷斯特的好运总算来了。错！他开办的多家公司不是倒闭就是破产，他本人不是被客户坑害就是被合伙人欺骗。他的官司接二连三，其数量远多于他的发明。他不是当原告就是当被告，除了赔钱还是赔钱。更加莫名其妙的是，39 岁的福雷斯特竟在 1912 年收到了美国纽约联邦法院的传票，因为有人指控他贩卖假冒伪劣产品，还有人举报他搞商业诈骗。总之，官司缠身的他被搞得精疲力竭，终于被迫离开纽约，躲到旧金山附近的帕洛阿托小镇，在那里的爱默生大街 913 号小木屋中继续改进和推广三极管。这一年，他把多个三极管连接起来，再连上电话机的耳机和话筒，最后把自己的破手表放在话筒前。哇，见证奇迹的时刻到了。微弱的手表嘀嗒声竟被放大为震耳欲聋的战鼓声了！这意味着他的三极管终于成熟了！如今，这间小木屋已成了旅游景点，当地政府在墙上挂了一块纪念牌，上书"李·德·福雷斯特在此发现了三极管的放大作用"。其实，三极管放大的何止电信号，它甚至将这间小木屋所在的小镇都变成了如今全球闻名的硅谷。

福雷斯特是一位多产的发明家，共获得过 300 余项专利。他还是一位冒险家，敢于不计后果地进行创新。比如，他在 1916 年建立了首个广播电台，在 1923 年制作了首部有声电影。遗憾的是，他是一位失败的企业家。他在 1961 年 6 月 30 日以 87 岁高龄去世时，其遗产竟只有区区 1250 美元。

第四十四回

世上女人她最美，跳频技术显智慧

细心的读者也许已发现本回标题中竟未出现主角之名，全书仅此一例。我们有意隐去她的名字，通篇只用"她"来代替，直到结束前的最后几句。这倒不是因为她的级别不够，实际上她在 1997 年被授予电子前沿基金先锋奖，2014 年入选美国发明家名人堂，与爱迪生和特斯拉等一起被后人敬仰。她也是受此礼遇的唯一女演员。她是跳频技术的第一发明者，被公认为"跳频之母"。今天各种手机所使用的关键技术都源自她的一项被保密了数十年的专利。她是影业巨无霸米高梅公司的首席女演员，是令无数粉丝疯狂的偶像，被好莱坞誉为"世上最美丽的女人"。在演艺界，人们都被她的美丽所吸引，而经常忽略她的演技。为了突出重点，本回尽量不描述她在影视方面的辉煌成就，实在绕不过去时，也将极力淡化。

1914 年 11 月 9 日，她诞生于奥地利首都维也纳的一个背景显赫的犹太家族。此时，第一次世界大战已爆发 3 个月。她的爸爸是一位富有的银行家，妈妈是来自匈牙利的著名钢琴演奏家，经常活跃于上流社会的各种聚会。在她儿时的记忆里，妈妈总喜欢香水和晚礼服。这在无形中促使她长大后爱上了演艺圈。作为家中的独女，她从小备受宠爱，生活富裕，衣食无忧，接受了良好的早期教育。她 7 岁就会表演芭蕾舞，10 岁就能演奏钢琴曲，然后前往瑞典的女子学校读书，各科特别是数学成绩非常优秀。16 岁时，她突然决定进入影视圈，以致不顾父母反对，放弃了正在攻读的通信专业，独自前往位于柏林的德意志剧院附属戏剧学校学习表演。最初她只是跑龙套，但凭借出众的外貌和演技，她在 17 岁、18 岁和 19 岁时连续主演了三部艳惊四座的电影。

当时不知有多少男士被她那美丽的面容迷得神魂颠倒，其中自然包括她后来的首任犹太丈夫，一位奥地利军火大亨。大约在她 20 岁那年，他与她在舞会上一见钟情，3 个月后二人就闪电般地结婚了。可哪知作为她曾经的影迷，他相当变态。婚前，他对她唯命是从；可待到结婚后，他醋意大发，不惜花重金拼命收购并销毁她出演过的电影拷贝，禁止她涉足电影业，甚至不让她随便外出。哪怕是外出游泳和购物，她的身边都有仆从紧随。从此，她只好暂别影视圈，毕竟她也爱他，真心想与他白头偕老。

他对她来说不可原谅并最终导致二人感情破裂的是，他自己作为一名犹太人，却疯狂地支持纳粹残害自己的同胞，还与希特勒、墨索里尼相交甚好，竭力帮助纳粹分子研究无线电鱼雷遥控和无线电干扰等技术。当时，这些技术都是最高机密，但他也许不知道，也许已忘了她曾是通信专业的高才生。他在与纳粹武器专家讨论相关技术时，不但不回避她，反而经常让她旁听并帮助记录。这对于作为内行的她来说就更清楚丈夫将会对同胞造成多大伤害，更明白丈夫有多可恶。更可恶的是，他竟利用她的美貌去讨好纳粹分子。在 23 岁的某天晚上，当丈夫带她参加纳粹分子的一个高级晚宴时，她借机中途退席回家，并用事先准备好的迷幻药迷倒了侍女，然后跳窗逃走，乘火车连夜到达巴黎，再辗转到伦敦，总算结束了这段不幸的婚姻。

逃离丈夫后，她主要干了两件事。

第一件事是恢复自己的兴趣，重新回到影视圈。在改用了后来那个众所周知的名字后，她单枪匹马杀入好莱坞，很快就掀起了持续近 20 年的全球超级巨浪，几乎成了那个时代的代言人。从她到达好莱坞的那年起，在接下来的连续 13 年间，她每年都至少主演一部好莱坞大片。直到 1958 年，她才宣布息影。若要列出她主演的 25 部电影，那就足以让人眼花缭乱，其中一部比一部精彩。好莱坞自从有了黑眼黑发的她后，过去那些统治银幕的金发美女们都得乖乖让位。52 岁那年，她出版了极具争议性的自传。直到 53 岁那年，她才最终关闭了自己创办的制片公司，定居在美国佛罗里达州。即使到了彩色电影时代，年近半百的她仍令许多妙龄女星自叹不如。

第二件事就是反纳粹。她早在逃离丈夫前就已开始考虑这件事了，所以她特别留心丈夫与纳粹专家的对话，知道纳粹的鱼雷是由无线电远程控制的，还知道纳粹只采用了单一频率来发送控制命令。形象地说，鱼雷就像收音机那样，依靠固定的频率来接收命令，只不过这个频率被严格加以保密。她还知道这种控制方式的一个致命弱点，那就是当对方知道这个固定频率后，就可以用这个频率发射干扰信号，让鱼雷失控。这也是她的丈夫等人经常担心和讨论，但始终未找到满意的解决办法的问题。

1938 年 3 月，纳粹军队正式入侵她的祖国奥地利。从此，她远离了昔日的众多纳粹朋友，下定决心与纳粹分子斗争到底。于是，她把自己所知道的秘密告知了盟国，重新拾起曾放弃的通信专业，开始认真考虑她的前夫当初冥思苦想的那个问题，但毫无头绪。她只好带着此问题，一边拍电影一边寻找机会，甚至经常向不相关的人员请教。

说话间就到了 1939 年，此时她已成了好莱坞巨星，并结识了一位名叫安太尔的音乐家。此君以创作电影音乐为生，同时热心于研究人体内分泌系统，比如怎样保持皮肤美白呀，怎样把三围曲线变得更美呀，等等。这些美颜秘方自然是她的最爱，她也趁机求教那个日思夜想的鱼雷抗干扰问题。哪知这位老兄脱口而出，给出了一个奇妙的思路：借鉴自动钢琴嘛！当时的自动钢琴受控于一种打孔纸带，下一刻该敲哪个键，完全由纸带上的预置小孔决定。换句话说，若在鱼雷和指挥台上分别安装这样的打孔纸带，每个纸孔对应于一个不同的信号频率，则只需保持鱼雷与指挥台间的同步，便能保持良好的通信，而对方不知该用哪个频率来进行干扰。

好主意，好主意！两人说干就干，终于在几个月后设计出了一种能对抗单一频率干扰的飞机导航系统，甚至制作了一对打孔纸带。他俩在 1941 年 6 月 10 日研制出了相应的设备，并正式提交了专利申请书，其中她为第一发明人。该专利在 1942 年 8 月 11 日被美国政府列为绝密专利，这就是如今广泛应用于手机的跳频技术。

为了帮助美国在第二次世界大战中打击纳粹势力，他俩决定将该专利无偿捐赠给美国政府。可哪知"得来太易不觉惜"，当美军专家得知该专利的灵感来自钢琴且发明人之一是那位众人仰慕的影星时，反而对他们的发明不屑一顾。有人甚至立即想到她的前夫，担心她拿不靠谱的玩意儿来糊弄军方。于是，在整个第二次世界大战中，这项专利完全被冻结，从未使用过。

自 1942 年起，她利用自己的影响，帮助美国政府推销战争债券。好家伙，那个热闹场面简直无法形容。她甚至想出妙招"拍卖自己的吻"，仅一次巡回演出就募集到 2500 万美元，相当于今天的 4 亿多美元。

回头再说她送给美国政府的那项专利吧。它虽在第二次世界大战中被忽略了，但并未被美军放弃。20 世纪 50 年代中期，该技术也被用到了一种声呐浮标上。在随即爆发的越南战争中，它也被用于遥控无人机；50 年代后期，它被广泛运用到军用计算机芯片中；在 1962 年的古巴导弹危机期间，它更被用到执行海上封锁任务的美国军舰上。随着冷战结束，美军公开了她的专利，解除了对跳频技术的管制，允许对其进行商业化。于是，她的专利又启发科学家将跳频思路广泛运用于蜂窝通信等方面，使得很多人能共享同一频段来收发无线信号。1985 年，一家名不见经传的小公司利用该项发明悄悄研发了 CDMA，即 3G 手机系统。这家当年的小公司就是后来赫赫有名的高通公司。直到 1997 年，当 CDMA 走入大众生活并改变了全世界时，科学界才突然想起了已经 80 多岁的她，美国电子前沿基金会将自己的最高奖项授予她。此时距她发明该专利已过去了半个多世纪，此后她被称为"跳频之母"和"CDMA 之母"。

非常遗憾的是，如此伟大的一位女性竟也没能逃出红颜薄命的魔咒。她的一生也是悲剧连连，婚姻生活极其不幸，先后有过 6 任无情的丈夫。虽有一儿一女，但她最终只能孤独到老。她在息影后开始堕落，沉迷于毒品，晚年痴迷于整容，却终究无法重返青春。她还有过多次牢狱之灾。

2000年1月19日，她被发现死在佛罗里达的家中的床上，享年85岁。警方认为她死于睡梦中，因为她床头的电视机还开着。她去世后，骨灰被带回老家维也纳，也算是叶落归根吧。她去世后被世界通信协会评为"为人类做出重大贡献的人物"。对了，现在可以公布她的名字了，她的原名为海德薇·爱娃·玛丽亚·基斯勒（Hedwig Eva Maria Kiesler）。进入好莱坞后，她更名为海蒂·拉玛（Hedy Lamarr）。

谢谢您拉玛，感谢您发明的跳频技术。

第四十五回

汤姆孙发现电子，夺诺奖堪称传奇

伙计，一提起诺贝尔奖，你一定会羡慕不已吧。但是，若你是本回主角汤姆孙，那么诺贝尔奖就不是什么稀罕之物了。

汤姆孙因发现电子是粒子而获得 1906 年的诺贝尔物理学奖，他的儿子兼弟子因发现电子是波而获得 1937 年的诺贝尔物理学奖，他的 9 位弟子也先后获得诺贝尔奖。他指导的博士后也获得了诺贝尔奖。至于徒孙等人嘛，获得诺贝尔奖的就更多了。在本来就十分罕见的父子诺贝尔奖得主中，竟多达三对都与他有关。除了他和儿子外，另外两对分别是助手小布拉格和导师老布拉格，徒孙老玻尔和徒弟小玻尔（因为儿子比老子先入师门）。此外，在他长达 34 年的领导下，作为剑桥大学物理学院的一个部门，卡文迪什实验室愣是被建成了"诺贝尔奖摇篮"。从 1904 年至 1989 年间，该实验室竟有多达 29 人获得了诺贝尔奖！该实验室的效率之高，成果之丰，堪称举世无双。鼎盛时期，在全球重大物理学发现中，它竟占半壁江山！

虽不宜以奖论英雄，但能产生如此众多的一流科学家确属奇迹，而创造该奇迹的功臣自然少不了汤姆孙。他是卡文迪什实验室的第三任主任，而且该实验室的腾飞正好源于其任期。他对实验室进行了大刀阔斧的改革，引进了新的教学和科研方法，吸引了众多海外优秀生源，甚至创立了极为成功的研究学派——剑桥学派。更重要的是，他是电子的发现者，被誉为"最先打开基本粒子大门的伟人"和"电子时代的领路人"。更难能可贵的是，早已功成名就的他在科研的道路上从未停止脚步，始终一如既往，兢兢业业，不断攀登高峰。他既是理论物理学家，又是实验物理学家，他所做过的实验多得难以计数。他在测定了电子的荷质比和发现了电子的质量后，又创造了一种新方法，能把不同质量的原子分离开来。这就为后人发现同位素提供了有效手段。因此，他又是同位素研究的开路者。那么，如此罕见的"专家型领导"和"领导型专家"到底是如何诞生的呢？下面就来唠叨唠叨。

1856 年（咸丰六年）12 月 18 日，在英国著名的曼彻斯特大学隔壁的一个小胡同里经营古董书店的一个个体户家里诞生了一个小胖墩。大人哪知这小子今后将改变历史，所以就随意给他取了一个平淡无奇的名字约瑟夫·约翰·汤姆孙（Joseph John Thomson）。啥意思呢？嗨，大约相当于中国农村里的"胖墩"。君若不信，只需上网一查，保证能看到数不尽的"汤姆孙"。

汤姆孙的妈妈非常慈爱，街坊四邻的小孩都很喜欢她，有事没事总爱到她家里玩。他们一边品尝她赠送的各种小茶点，一边与她合作表演有趣的儿童剧。她还经常给小朋友们带来很多意外惊喜，这时高兴的尖叫声便会响彻整个胡同。汤姆孙从小就沉浸在这种愉快的气氛中，继承了这种良好的作风，并将它带到了后来的卡文迪什实验室。只不过那时提供茶点和意外惊喜的人不再是他的妈妈而是他的漂亮媳妇，发出尖叫的不再是小朋友而是著名教授和博士生。

汤姆孙的爸爸虽然人微言轻，但结交了一大批有身份的朋友。这倒不是因为他善于交际，而是因为著名作家和教授等各界名人都愿意主动找上门来套近乎，他们都想从他的古董书店里淘几本好书。每当有人送来祖传典籍时，书店马上就成了名人俱乐部，人人两眼放光，个个奋勇当先，生怕遗漏了什么本该属于自己的宝贝似的。所以，伙计，别小看汤姆孙这小娃娃，他可是很早就见过世面的哟。有一次，他亲眼看到了传说中的大科学家焦耳，而且与焦耳互相问候。当然这也把小汤姆孙激动得热泪盈眶，他暗暗发誓，一定要努力学习，长大后也要当一名科学家。

14岁时，汤姆孙进入了曼彻斯特大学。在司徒华教授的精心指导下，他刻苦钻研，学业突飞猛进，成绩遥遥领先。在他16岁时，爸爸突然病逝，家里迅速陷入经济危机，甚至连学费也交不起了。妈妈一直咬牙坚持让汤姆完成学业，此时他刚好又幸运地从欧文斯学院获得了一笔助学金。所以，他得以留在了学校继续读书，而没像弟弟那样被迫中止学业。更意外的是，20岁那年，他竟然被保送到了赫赫有名的剑桥大学三一学院深造，专攻数学！这对汤姆孙来说无异于天上掉馅饼。所以，他格外珍惜这个机会，更加努力学习。四年后，他以第二名的优异成绩从剑桥大学毕业，取得学士学位，然后留校任教，并被选为三一学院学员，两年后又晋升为讲师。汤姆孙终生都存感恩之心，他常说："无论是学术氛围还是科研环境，剑桥大学都是无与伦比的。若无奖学金，像我这样的穷孩子压根儿就甭想进去。"

1884 年，汤姆孙迎来了人生中的另一个重要机遇。那时汤姆孙还只是一位年仅 28 岁的默默无闻的青年教师。他的伯乐就是 1904 年诺贝尔物理学奖得主斯特拉斯，即第三代瑞利男爵。当时这位男爵正担任卡文迪什实验室的第二任主任，打算选取自己的接班人。伙计，选谁接任卡文迪什实验室主任，这可不是小事哟！别嫌该实验室的行政级别低（它只是剑桥大学物理学院下属的一个实验室），也别嫌该实验室的投资很小（它的建设经费只有卡文迪什捐赠的区区 8000 英镑），更别嫌它建立的时间不长（它在 10 年前刚刚建成），该实验室的第一任主任竟是"电磁学之父"麦克斯韦。

既然瑞利男爵是一位大科学家，那么他的接班者最好也应是一位大科学家，至少得是一位著名科学家吧。但出乎意料的是，这位瑞利男爵选择了一个普通人，那就是汤姆孙。当时，所有人都傻眼了。对该职位垂涎欲滴者表示愤怒和惊讶，对实验室的发展寄予厚望者表示担心和疑虑。不过，普通的年轻学者倒非常高兴，因为汤姆孙为人友善，很好相处。而对汤姆孙来说，他受到的震动最大。若干年后，他还说，那时简直就像小河边的披蓑钓翁，本来只想钓条小鱼玩玩，可哪知上钩的竟是一头巨鲸！做瑞利男爵的接班人谈何容易啊！

后来的事实表明，汤姆孙不但坐稳了这个职位，而且经过 34 年的不懈努力，终于把那条"小河"开拓成了"大海"，让任何有本事的人都可以大有作为，纷纷获得诺贝尔奖。至于瑞利男爵为啥选择名不见经传的汤姆孙作为自己的接班人，这就是一个谜了。也可能是瑞利男爵独具慧眼。此前瑞利男爵确实与汤姆孙一起在卡文迪什实验室中合作了四年，并指导汤姆孙完成过多篇高水平的学术论文。还有一点可以肯定，那就是汤姆孙踏实肯干，聪明伶俐，深得瑞利男爵喜欢。当然，剑桥大学对候选主任也相当重视，特别是面对汤姆孙这个毛头小子时，更不敢盲目听从瑞利男爵的建议，于是破例邀请热力学权威开尔文、流体力学权威斯托克斯和潮汐摩擦论权威达尔文（即进化论提出者达尔文的儿子）三位杰出科学家组成一个评审小组，对汤姆孙进行了严格、客观、公正的考察。汤姆孙竟然通过了此次考察！

坐镇卡文迪什实验室后，汤姆孙很快就将大家团结成了一个充满活力的集体，他自然也成了其中的灵魂人物。他具有杰出的组织才能和独特的人格魅力，不断激励大家在物理学的前沿领域进行广泛而深入的探索。实验室的学术气氛空前浓郁，大家都只关心一件事，那就是物理学的最新进展。大家也都由衷地爱戴和敬仰他。其实，汤姆孙对实验室中的工作人员特别是对自己的学生的要求非常严格。比如，他要求大家在做研究前必须掌握所需的实验技术，而且不能盲目购买实验所用的仪器，更不能只会使用现成的仪器，而要尽量自己动手制作仪器。为此，大家善意地给他取了一个外号"抠门精"。据说，他上任后亲手批准的设备购置费总共不超过两万英镑，平均每年只有区区 600 英镑。其实，他并非舍不得花钱，而是认为应该培养大家的独立思考和科研能力，不该用"现成的机器"去制造"死的成品"。他还要求大家不能只当实验的观察者，而要成为实验的创造者。这便是该实验室成功的重要原因之一。

实验室成功的另一个重要原因还与某位小姑娘有关，她名叫诺丝，是剑桥大学医学院乔治教授的千金。从汤姆孙出任主任 3 年后的 1887 年起，她常到实验室旁听博士们的学术讨论。1889 年的某一天，正在做实验的诺丝急得满头大汗，怎么也出不了结果。这时，汤姆孙赶来轻松排除了仪器故障。若干年后，汤姆孙的儿子（也是诺贝尔奖得主）对这段往事进行"揭秘"。他说，老爸的实验动手能力压根儿就不咋的！1890 年 1 月 2 日，33 岁的钻石王老五娶回了自己心仪的媳妇，建立了幸福美满的小家庭。

年轻美丽的汤姆孙夫人特别贤惠，她总能为来访的朋友们准备新奇可口的茶点。于是，一传十，十传百，汤姆孙的家很快就成了实验室的俱乐部。大家有事没事都喜欢去他家讨论科研工作，交流实验中遇到的疑难问题，当然也"顺便"欣赏女主人的精湛厨艺。周末和节假日，他家更少不了各种聚会，而女主人也始终乐此不疲，让实验室的小伙子们赞不绝口。个别贫困生更是几乎每天都被汤姆孙请回家，一边请老师辅导学业，一边蹭顿便饭。后来被学术界公认为"继法拉第之后最伟大的实验物理学家"和"20 世纪最伟大的原子物理学家"的卢瑟福便是其中之一。总之，整个实验室的氛围特别温馨，大家相亲相爱，宛如一家人。这种优良传统后来又由实验室的第四任主任卢瑟福传承下去，并进一步发扬光大。

当然，科研不是请客吃饭，也不是只做文章，更不是绘画绣花，不能那样雅致和从容不迫。科研是发现自然界的新规律，是新观念对旧观念的无情淘汰。所以，汤姆孙要想真正成功，卡文迪什实验室要想真正成功，就必须拿出货真价实的重大成果。由于汤姆孙的成果太多，有些内容又过于专业，所以下面只选一个最具代表性的成果来介绍，看看他是如何发现电子的，准确地说是如何证实"电子是粒子"的。

其实，人们早就看见了电子，只是不知它是啥而已。1858 年，盖斯勒制成了一种低压气体放电管。一年后，普吕克尔发现该放电管能产生美妙的绿色辉光。嗨，其实只要不是瞎子，任何人都能看到这种辉光。这本质上与你家的日光灯发出的荧光一样。但是，这种辉光到底是什么呢？一时间，全球物理界哗然，各种观点此起彼伏。公说公有理，婆说婆有理，谁也说服不了别人，谁都能找出自己的证据，也能找出对方证据中的明显瑕疵。1876 年，大家才达成了初步共识，同意戈尔兹坦的意见，认为这种辉光是由阴极产生的某种射线，故称之为阴极射线。

但问题还远未解决，接下来的争论更加激烈。大家都想知道这种阴极射线到底是由啥组成的。当时的主流观点有两种，一种认为阴极射线是一种波，准确地说是一种电磁波或光波。支持这种观点的有著名物理学家赫兹、勒纳、普吕克尔和瓦特森等。他们的主要证据包括：阴极射线与紫外线很类似，既然紫外线是一种波，当然有理由认为阴极射线也是一种波；在黑暗中，阴极射线能占满整个房间，它还能穿透金属箔，而粒子没这种本领。与此相对立，另一种观点则认为阴极射线是一种粒子。支持这一观点的有著名物理学家瓦利、克鲁克斯和舒斯特等。他们的主要证据包括：阴极射线带有电荷，还能在磁场中被偏转，这与带电粒子的行为类似；阴极射线甚至能让密封玻璃管中的小轮旋转，任何波显然都没这种本领。书中暗表，看来当时的科学家们还不够"圆滑"，既然有那么多证据表明阴极射线是波，也有证据表明阴极射线是粒子，那么为啥没人"和稀泥"，指出阴极射线既是波又是粒子呢？后来，汤姆孙在 50 岁时因证明阴极射线是粒子而获得了诺贝尔奖。31 年后，汤姆孙的儿子又因证明了阴极射线是波而获得了诺贝尔奖。唉，如果当初有人"和稀泥"，那么他会不会同时获得两个诺贝尔奖呢？闲话少说，还是书归正传吧。

就在正反双方争得面红耳赤、难解难分之际，汤姆孙出场了。其实，他早在刚接任卡文迪什实验室主任一职时就出场了，只不过那时他只是一名微不足道的"群众演员"，根本插不上嘴，完全没有发言权。他在心里虽支持第二种观点，可手上拿不出任何证据。他想呀想，算呀算；研究理论累了就做实验，做实验失败了就回头重新修正理论。一年过去了，没结果；两年过去了，又没结果；十年过去了，仍没结果。1897 年，汤姆孙总算巧妙地记录下了阴极射线的"足印"。这种"足印"在平常是直的，但遇到电场或磁场时，它就会偏转；而且可根据其偏转方向，判定阴极射线所带电荷的极性。汤姆孙断言，阴极射线是带负电的物质粒子（如今称之为电子）。有人刚想反驳，汤姆孙又补上了一记致命的"如来掌"。他不但测出了电子束在指定电场和磁场中的速度，而且测出了电子的质量大约只有氢原子的两千分之一！这个发现可不得了，它不但平息了有关阴极射线的长达近 40 年的争论，而且彻底颠覆了物理学家们的世界观。当时大家都坚信原子不能再被分割了，而现在汤姆孙将原子分割后的"残片"清清楚楚地摆在了大家眼前。

汤姆孙不但自己很成功，而且帮许多人取得了成功，所以，他一直深受人们的敬仰。1926 年，他的弟子和朋友为他庆祝七十大寿。从他身边走向世界的顶级科学家们欢聚一堂，大家回想起了汤姆孙夫人制作的美味佳肴，只是不好意思再让师母亮亮厨艺。不过，汤姆孙的各种新鲜段子层出不穷，足够大家捧腹大笑，尽情享受一顿精神上的饕餮盛宴。不知在谁的带领下，大家一起唱起了专门为他创作的生日歌《欢乐电子颂》："电子好欢乐，偶尔受束缚；平常很自由，总是笑呵呵；天天转呀转，边转边唱歌；哈哈哈哈，我们像电子一样活泼，围绕亲爱的汤姆孙，尽情地唱歌，唱歌！"

晚年的汤姆孙身体仍然很棒。77 岁时，他还在全球旅行和讲学。84 岁时，他的记忆力还特别好。1940 年 8 月 30 日，伟大的汤姆孙在剑桥逝世，享年 83 岁。他的骨灰安葬在西敏寺中，与牛顿、达尔文、开尔文等一起接受后人永远的敬仰。

第四十六回

天马行空威尔逊，歪打正着造云室

伙计，淘金时代发财只能靠淘金吗？当然不是！比如，还可卖铁锹嘛。本回主角就是这样的一位卖铁锹者，只不过他的铁锹名叫"威尔逊云室"，别人用其铁锹所淘之金名叫诺贝尔奖。当其他科学家拼命摘取诺贝尔奖时，他却在游山玩水，顺便造出了那把神奇的"铁锹"，不但自己轻松获得了 1927 年诺贝尔物理学奖，还帮助一大批科学家实现了梦想。借助威尔逊云室，康普顿轻松演示了反冲电子的存在，为爱因斯坦光子学提供了实验依据，从而分享了 1927 年诺贝尔物理学奖；安德逊从宇宙射线中发现了正电子，从而获得 1936 年诺贝尔物理学奖；布莱克清晰地演示了电子和正电子同时生灭的过程，从而获得了 1948 年诺贝尔物理学奖。此外，包括原子核衰变等在内的许多核物理现象的发现也都归功于威尔逊云室。该云室在相当长的一段时间内成了研究各种射线的必备神器。然而，非常让人意外的是，正如造铁锹很容易一样，大名鼎鼎的威尔逊云室其实也非常简单。只要愿意，任何人都能轻松造出一大堆。君若不信，就请威尔逊自己来证明。

1869 年（同治八年）让国人很感慨。在国外，这一年瑞士科学家米舍尔分离出了 DNA，俄国化学家门捷列夫发明了元素周期表，英国物理学家丁达尔在万道霞光的启发下发现了丁达尔效应（当光束透过胶体时，从垂直方向可以看到胶体中的光路，该效应其实也是后来威尔逊云室的某种隐喻）。与此形成鲜明对比的是，在国内，这一年《上海新报》刊登的特大喜讯却是"我国上海街头惊现自行车"。另一个特大新闻是大太监安得海率领数十位小太监浩浩荡荡地离京南下，沿途为非作歹，终于在泰安被丁宝桢处决。不过，本回关心的是这一年 2 月 14 日在英国爱丁堡附近诞生的一位科学家。他名叫查尔斯·汤姆孙·里斯·威尔逊（Charles Thomson Rees Wilson）。

威尔逊的父亲是当地非常有名的一名牧羊人，几乎家喻户晓。一来是因为他的父亲很会养羊，能同时养很多羊；二来是因为他的父亲可能已习惯"一头羊是养，一群羊也是养"的思维，一口气就养了 8 个儿子。威尔逊是家中的老么。在他 4 岁时，他的父亲因操劳过度而去世了。

威尔逊从小就特别顽皮，能跳着就绝不站着，能站着就绝不坐着。就算必须坐着，他的手脚也永不闲着，照样闯祸不断。他很小就成了远近闻名的"孙猴子"，让守寡的母亲头痛不已。更让妈妈担心的是，他虽然对任何事物都感兴趣，但都只有三分钟热情。恨铁不成钢的妈妈仰天长叹，但求儿子别成为游手好闲之徒，但求儿子别太没出息。一位满腹经纶的牧师及时为妈妈指点迷津，他说道：聪明的小孩都调皮，待他找到真正的兴趣后，自然就会焕然一新。

妈妈如释重负，赶紧搬家到曼彻斯特，将他送入那里的学校读书。结果，直到小学毕业，威尔逊也没找到真正的兴趣，甚至更加调皮。中学毕业时，他仍没找到真正的兴趣，依然是班上垫底的"学渣"。他在15岁时进入曼彻斯特大学生物学系，逐一试过了医学、植物学和动物学等学科，才突然发现自己的兴趣是成为一名科学家，一名全才型的科学家。他摇身一变就成了班上的"学霸"，不但在第一时间以优异成绩毕业，还在19岁那年轻松考入剑桥大学，获得高额奖学金，然后在23岁时顺利毕业。他因为表现突出而被留校任教，成为一位医学实验演示员，向学生讲解和示范相关实验技巧。在此期间，他练就了一双特别罕见的巧手，能轻松搞定许多高难度实验，让同行羡慕不已。

威尔逊是剑桥大学不多见的社交狂，他与任何人都能交朋友。他不但能与医学系的师生打成一片，在茶余饭后还经常与卢瑟福领导的卡文迪什实验室的一批青年物理学家侃大山，争论物理学前沿问题，搞得几位青年才俊颇不服气，甚至对这位医学系的外行表示不屑。威尔逊也不生气，在27岁那年轻松获得了剑桥大学物理学博士学位，而且导师正是那位发现了电子的著名科学家汤姆孙。从此，再也没人敢小看这位物理学大夫了。

伙计，也许你会说上一段的描述过于失真，他威尔逊咋能那么轻松就获得博士学位呢？抱歉，确有失真，但真实情况比上述更轻松。大约在25岁那年，一路游山玩水的威尔逊登上了英国第一高峰本内维斯峰，有幸在那里看见了传说中的云海"佛光"。那种壮观的美景简直难以言表，他不忍离去，干脆赖在那里的天文台，一待就是好几个星期。可惜，他从此再也没见到那难得一见的佛光了，只把各种云海赏了个够。临别前，他还觉不过瘾，发誓要把云海带回家，要在实验室中重现佛光奇景。

威尔逊说干就干，一回实验室就开始捣鼓各种各样的"桑拿房"，轻松蒸发出浓厚的云雾。但是，如何让这些云雾形成云海那样的清晰"海面"呢？用太阳光照吧，不行；用电灯射吧，也不行；用火烤吧，仍不行。他试遍了所有可见光后发现都不行，这些云雾要么同时存在，要么同时消失。这时，威尔逊想起了那帮物理学家朋友，据说他们正在研究一种刚发现的名叫 X 射线的新玩意儿。于是，在 26 岁那年，他用借来的 X 射线枪瞄准自己的"桑拿房"，一扣扳机。哈哈，奇迹出现了，云海立即显身。在 27 岁那年，他又改进了"桑拿房"，造出了后来称为威尔逊云室的神器。他在一个封闭容器内输入纯净的乙醇或甲醇蒸气，再通过降低温度使蒸气达到过饱和状态。此时，若有带电粒子射入，就会在其经过的路径上产生离子，过饱和蒸气会以离子为核心凝结成小液滴，从而显示出粒子的运动轨迹。后来，他对威尔逊云室中的粒子轨迹进行认真总结，得出了许多很严谨的量化结果。比如，对负离子来说，当无尘空气的体积膨胀比为 1.25 时，负离子开始成为凝聚核心；当膨胀比为 1.28 时，负离子全部成为凝聚核心。但对正离子来说，当膨胀比为 1.31 时，正离子开始成为凝聚核心；当膨胀比为 1.35 时，正离子全部成为凝聚核心。他还发现，粒子的电荷有助于扩大雾珠。

心急的读者也许会催问：威尔逊当初想制造的佛光在哪里，咋没看见呢？是呀，我们也只见云海，没见佛光嘛！的确，威尔逊自己也没看见佛光，我们这些凡胎肉体更没看见佛光。但是，威尔逊的导师看见了佛光，他赶紧把物理学的博士帽扣在了这位得意弟子的头上。全世界的物理学家们也看见了佛光，因为威尔逊云室本身就是一团耀眼的佛光，突然照亮了核物理学的前程，让当时正在苦苦追寻各种微观粒子踪迹的科学家们如获至宝、大开天眼。诺贝尔奖评审专家看见了佛光，他们不管三七二十一，拽过威尔逊，就把 1927 年诺贝尔物理学奖硬塞进了他的怀中。英国皇家学会看见了佛光，赶紧在 1900 年选举威尔逊为皇家学会会员，接着给他颁发了 1911 年的休斯奖章和 1935 年的柯普莱勋章。剑桥大学看见了佛光，毫不犹豫地授予他 1920 年霍普金斯奖。爱丁堡皇家学会看见了佛光，抢着授予他 1921 年冈宁奖金。英国皇室看见了佛光，很爽快地给他颁发了 1922 年皇家奖章。富兰克林研究所看见了佛光，果断向他颁发了 1925 年波茨奖章。英国女王看见了佛光，在 1937 年授予他勋爵称号。全球众多大学都看见了佛光，阿伯丁大学、格拉斯哥大学、曼彻斯特大学、利物浦大学、伦敦大学和剑桥大学等都争相授予他荣誉博士学位。怎么样，伙计，这下子你该看见威尔逊云室的佛光了吧。回顾历史，我们不难发现，威尔逊云室虽很简单，却是现代科研的罕见利器，在早期的 X 射线、放射线、宇宙射线和核子等基本粒子的研究中更不可或缺，因为有了它才能观察带电粒子的运动轨迹，有了它才能洞察微观世界。形象地说，威尔逊云室宛若粒子物理学家手中的照妖镜，让各种神出鬼没的粒子无处遁形；它的出现宛若晴空突降大雪，让猎人可以轻松追踪狡猾的狐狸。

正当大家忙于欣赏威尔逊的成就时，他本人却玩别的新花样去了。在 31 岁那年，他开始研究空气的电导率，并在运用绝缘验电器做实验时发现，无论是在日光下还是在黑暗中，无论是在处理正电荷或负电荷，无论绝缘性能多好，总会发生残留漏电现象。这是咋回事呢？于是，他大胆猜测：这种漏电现象可能源自大气之外的某种辐射粒子，它们也许是像伦琴射线或阴极射线那样的东西，但有更强的穿透力。他的这一猜测终于在 1915 年被另一位科学家赫斯所验证，后者因此获得了1936年诺贝尔物理学奖。书中暗表，赫斯的验证法也简单得出奇，他只是把一个验电器安装在气球上，结果发现：超过一定高度后，空气的电导率会随高度的增大而增大，因此就证明一定存在宇宙辐射。怎么样，许多高深的难题确实能用简单的办法解决！

后来，威尔逊利用非常灵敏的静电计，借助赫斯的思路，将静电计拴在气球上升入高空，测量大气的电场。他发现，在晴朗的天空中总存在方向指向地面的电场，而且其电位梯度很稳定。据此，他算出了地球的负电荷总量。他通过威尔逊云室知道负电荷核心聚集的水滴较大，所以他正确地推断出雨云的顶部一定带正电，底部带负电；雨水下落会使地球带负电，这也是下雨时电闪雷鸣的原因。

威尔逊不断对其云室进行改进。43岁那年，他又给威尔逊云室配置了照相设备，从此带电粒子的轨迹便可被永久固定，供事后更加仔细地分析和比较。他还成功地拍摄了 α 粒子在威尔逊云室中留下的轨迹。书中暗表，威尔逊云室后来又催生出更简单、更好用的气泡室，它其实是一个装满液体并处于一定压力之下的容器，其温度接近所装液体的沸点。若压力降低，液体的沸点也会随之降低；若压力改变得足够快，液体便会处于超热状态，它的温度虽超过沸点，但仍维持液体状态。若在粒子刚经过时就改变压力，则液体将会变得不稳定，带电粒子经过的路径上的液体开始沸腾，出现很多小气泡，从而显示带电粒子的轨迹。

威尔逊的贡献虽多，名气虽大，但他非常和蔼，从不以权威自居。他喜欢接近年轻人，尤其是那些进取心不强的后进学生。他经常与"学渣"们谈心，参加他们的各种活动，利用一切机会来启发他们思考，鼓励他们上进，希望他们也能像年轻时的自己那样突然在某一天醒悟。在近半个世纪的教学生涯中，他一直受到学生们的衷心爱戴。65岁那年，他光荣退休，但并未停止科研。87岁那年，他还作为英国皇家学会年纪最大的会员，向学会递交了自己的最后一篇学术论文《雨云电学原理》。

1959年11月15日，威尔逊在苏格兰卡洛普斯去世，享年90岁。

第四十七回

密立根巧测电荷，一滴油高奏凯歌

1868年3月22日，密立根诞生于美国伊利诺伊州的一个牧师家里。他的全名为罗伯特·安德鲁·密立根（Robert Andrews Millikan）。他终生没留下多少生平事迹。目前，我们只知道他的祖父、祖母本为新西兰人，后来移民到美国。他从小就是村里的孩子王，颇具领导天赋。他曾就读于爱荷华州马科基高中，当过几天法庭记者。

他在18岁时考入俄亥俄州的奥伯林学院，23岁时毕业，获得古典文学学士学位。在此期间，他特别喜欢希腊语。照此下去，他本该与物理无缘。可造化弄人，大约在大二快结束时，他的希腊语老师突然找来，希望自己的这位学希腊语的弟子能到大学的附中救急，暂时兼职讲授基础物理。密立根当时就傻眼了："天哪，啥叫物理，从来没学过呀！"老师鼓励他道：连希腊语都能学好的人何愁教不好区区的物理呢？也许是相信老师的话，也许是碍于老师的情面，他几经推辞后接下了这个"烫盘子"。在随后开始的暑假里，密立根临时抱佛脚，找来各种物理教材疯狂研读。他把每个实验都动手做一做，把每个公式都仔细推导一下，每张图表都认真看一看，每道习题都亲自算一算，绝不放过任何难点，也不忽略任何重点。一句话，为了备课，他几乎使尽了吃奶的劲儿。其实，当时他定下的最高目标也不过是不要因讲课太差而被赶下讲台。

可哪知经过如此魔鬼训练后，奇迹发生了。一方面，密立根真的爱上了物理，还发现自己很有学习物理的天赋，特别擅长做物理实验，以致后来他把一生都奉献给了物理学。另一方面，他讲的课大受欢迎，甚至把许多厌学虫都变成了物理迷。他在大学毕业后还舍不得离开附中的讲台，留在这里继续讲了两年课。后来，他把自己的讲稿整理成系列科普书。哇，一时间洛阳纸贵，不但在美国畅销不衰，还被翻译成包括中文在内的多国语言。他做科普有以下与众不同之处。

他不但能把高深的内容讲得浅显易懂，而且思考角度也完全不同，让人脑洞大开。这导致他自己后来在物理研究中常常出奇制胜。

他不但能把各种实验讲得清清楚楚，还将前因后果说得明明白白，让读者既知其然，也知其所以然。这导致他后来也能设计若干精妙的物理实验，攻克前沿难题。

他不但重新梳理了物理教材中的知识点和逻辑关系，还给出了许多习题的巧妙解答方法，编写了颇具启发性的新习题。这导致了他后来也能在物理前沿研究中提出许多开创性问题，引领学术界，毕竟"提出问题往往胜过只解决问题"。

总之，在附中这几年的历练是密立根人生的重要转折点，奠定了他成为物理学家的坚实基础。后来，他正式转入物理专业，先是在 25 岁那年取得硕士学位，接着在 27 岁那年成了哥伦比亚大学培养的首位物理学博士。在读博士期间，他的实验技巧得到大幅提升，这主要受益于他的第一位导师迈克尔逊。这位导师发明过一种能测定微小距离的干涉仪——迈克尔逊干涉仪，他还是 1907 年的诺贝尔物理学奖得主。迈克尔逊的成功不但为密立根树立了榜样，还增强了他的信心，在潜意识中给他一种启发，可通过对宏观结果的巧妙处理来挖掘微观结果。实际上，后来密立根的油滴实验也正是这种潜意识的某种表现。在读博士期间，密立根的教学水平也大有提高，这主要得益于他的第二位导师普平。这位导师非常善于教学，以他的名字命名的普平物理实验室成为诺贝尔奖得主的摇篮，至少培养了 7 位诺贝尔奖得主。密立根的成功再一次证明教学与科研确实能相辅相成。一方面，教学促使研究者将自己的成果清晰地表达出来，让他人明白；另一方面，科研也能丰富教学内容，提升教学水平。

另外，普平对密立根还有另一个重要的影响，那就是他及时推荐密立根前往德国哥廷根大学留学。在此期间，密立根受到量子力学创始人、1918 年诺贝尔奖得主普朗克的影响，加强了对微观世界的理解。密立根的主要成就之一就包括比较准确地测定了普朗克常数。在德国期间，密立根还多次聆听了法国著名天体力学家、数学物理学家、科学哲学家庞加莱的讲座，大开眼界。总之，留学的经历使密立根站在了巨人的肩上，为自己今后成为巨人做好了准备。

28 岁时，留学归来的密立根在迈克尔逊的推荐下进入新成立的芝加哥大学，后来他在这里工作了 25 年之久。由于教学成绩优异，他很快就晋升为教授。他在 34 岁那年结婚，婚后育有三个优秀的儿子，有的成了空气动力学家，有的成了物理学家。

成家后的密立根终于要开始立业了。从 39 岁起，他经过十余年的不懈努力，完成了自己的首个也是水平最高的成果，用油滴实验证实了单电荷的存在，结束了长期以来有关电子离散性的争论，初步测得了单电荷值。

虽然每个中学生都学过甚至亲手做过密立根油滴实验，但我们还是要从完全不同的角度，重新介绍一下这个实验，以便了解其历史演变和最近发现的相关瑕疵。该实验曾被认为是物理学史上的三个最美实验之一，其结果曾使密立根获得了 1923 年诺贝尔物理学奖，其思路曾启发后人测出了夸克的电量，其原理始终都在物理学前沿发挥作用，其"用宏观仪器测得微观结果"的做法至今也很有启发性。从时间上看，密立根油滴实验可分为三个阶段。

第一阶段，密立根最早的目标并非要测电子的电荷量，而是要测 α 粒子的电荷量。他让 α 粒子穿过威尔逊云室，然后经过巧妙的操作，取得了重要进展，并得到 1908 年诺贝尔化学奖得主卢瑟福的充分肯定。

第二阶段，密立根试图测量其他带电粒子的电荷量。他偶然发现在正极在上、负极在下的威尔逊云室中，当云层消散后，有时会有几滴水珠悬浮在云室的电场中。这是因为云室中的水珠会或多或少地吸附一些负电荷。若某个水珠太大或吸附的电荷太少，该水珠便会因重力而下落；若某个水珠太小或吸附的电荷太多，它便会被正极向上猛拉，最终被吸至正极；若某个水珠的大小和所吸附的电荷刚好使得前述的向上的拉力和向下的重力达到平衡，该水珠便会悬浮在电场中几乎保持不动。

关于云室中悬浮的水珠，由电场强度可知，只需用水珠的质量除以电场强度，便能得到水珠所带的电荷量了。

但如何求出悬浮水珠的质量呢？这个问题就不难了。下雨时，雨滴会在重力作用下做自由落体运动，但随着雨滴下落的速度加快，空气阻力也会加大，最终阻力与重力达到平衡，雨滴便开始做匀速运动。简单说来，根据雨滴在做匀速运动前所下落的距离，便可求出雨滴的质量。于是，借助雨滴模型，云室中悬浮的水珠的质量便可按如下方法求出：先慢慢增强电场，将水珠吸到云室的最高处，然后恢复到最初的平衡电场，让水珠静止一会儿，接着突然断电，让水珠开始做自由落体运动。待到它开始匀速运动时，记下它下落的距离，便知道其质量了，从而也就知道它所带的电荷量了。

该实验的思路确实精妙，但操作难度很大，经常出现意外。比如，悬浮的水珠会突然飞上天，被吸至正极。这是咋回事儿呢？卢瑟福一下子就看出了端倪，原来水珠会蒸发，其质量随之减小，于是正极的吸力大于水珠的重力，水珠就飞上天了。于是，密立根立即实施了两个改进：一是把水珠换为不易蒸发的油滴；二是把电场改得更加稳定，把云室换为正极在上、负极在下的两块金属板，以便油滴稳定地悬浮在两块金属板之间。

书中暗表，若只测油滴的电荷量，上述办法确实完美无缺；但若想进一步由此测量单电荷量，就存在漏洞了。比如，油滴还承受了向上的浮力，当油滴较大时，浮力不可忽略。又如，油滴的电荷量还可能在实验中因吸附额外的电荷而发生变化。这也是后人很难完全重复密立根油滴实验的原因之一。

第三阶段，也是理论最精彩、操作最困难的阶段，即利用第二阶段的结果计算单电荷量。他的神奇思路是：若用第二阶段的方法测出了 N 个油滴的电荷量，且单电荷量确实是一个稳定值（比如 e），则任何油滴的电荷量都该是 e 的整数倍。换句话说，当随机选择的油滴数量足够多时，它们的电荷量的最大公因数就能很好地逼近 e 值。按此思路，密立根公布了自己所测的 58 个油滴的电荷量，并利用它们的最大公因数，首次给出了单电荷值。一时间，全球轰动，大家都被他的奇妙构思惊呆了，除了佩服之外还是佩服。

约 60 年后，史学家们于 1974 年从密立根当年的实验记录中发现了一个天大的秘密：密立根当年竟对实验数据进行了严重的主观预选，实际上他共获得了 140 个油滴的电荷量，但他通过预先估测去掉了那些他认为有偏差或误差较大的数据。这是实验物理学中最忌讳、最不该出现的行为。对此，"爱因斯坦之后最睿智的理论物理学家"、1965 年诺贝尔奖得主费曼在 1974 年的加州理工学院的毕业典礼上，狠狠地批评了史上许多物理学家在密立根油滴实验中的"自我欺骗"行为，并直言这些当事者"应该感到惭愧"。

虽然从理论上看，密立根第三阶段的思路确实完美无瑕，但从实验角度看，就又有问题了。当初他的目的本是要通过"若干油滴电荷量的最大公因数的存在性"来推导"单电荷的存在性"，但任何仪器都有误差。换句话说，这个最小的实验误差一定就是所有油滴的电荷量的公因数之一，也就是说"最大公因数"无论如何都会存在。这就相当于在春运期间，记者在火车上而不是在大街上寻问受访者"是否已买到回家的车票"。幸好密立根最终得出的结果可能远比最小误差大。换句话说，他用错误的思路得到了正确的结果。

密立根的成就还有很多，远不止油滴实验。48 岁时，他用实验证实了爱因斯坦的光电效应方程，还测出了当时更精确的普朗克常数。53 岁时，密立根转入加州理工学院，一直在那里工作到 77 岁退休为止。在此期间，他与合作者们一起证实了宇宙射线的存在，还发现宇宙射线中竟含有 α 粒子、质子、中子、正电子、V 量子和高速电子等。他在 X 射线谱方面的工作也启发后人提出了电子自旋理论等。

此外，密立根还是加州理工学院的首任掌门人。他表现出了卓越的领导才能，以至经他 20 余年的领导，该校竟成了全球最优秀的研究型大学之一。

1953 年 12 月 19 日，伟大的科学家密立根因心脏病突发在家中逝世，享年 85 岁。

第四十八回

朗缪尔龙王下凡，获诺奖解释电管

在物理和化学界，本回主角朗缪尔之名绝对如雷贯耳。这不仅因为他是 1932 年的诺贝尔化学奖得主，还因为他与另一位被称为"从未获得过诺贝尔奖，却是诺贝尔奖史上最具争议的人物"的路易斯密切相关。有这样一种说法，"路易斯未能获得本该早已获得的诺贝尔奖"的不公最终导致他悲惨地选择自杀。当人们在伯克利的一个隐蔽的地下室中找到路易斯的尸体时，它已腐烂了。路易斯是化学热力学的创始人，是路易斯化学结构式的提出者，是光子的命名者，是使伯克利成为全球化学中心的主要人物，是化学史上罕见的伯乐，是 5 位诺贝尔奖得主的导师。他自己虽曾多达 41 次被提名为诺贝尔化学奖候选人，但每次都以高票落选。特别具有争议的是，路易斯本为电子对共价键理论的提出者，但诺贝尔奖最终颁给了本回主角朗缪尔，而后者"只不过基于路易斯的理论，提出了同心圆原子结构而已"。

上面一段文字无意为路易斯平反，毕竟这已是历史上著名的冤案；也无意指责本回主角，毕竟朗缪尔的同心圆原子结构确实普及了路易斯的理论，况且人人都有权争取诺贝尔奖。我们想强调，朗缪尔确实是一位伟大的科学家，也是诺贝尔化学奖得主中的首位工业界人士，甚至美国表面化学领域的权威学术期刊都以他的名字命名为《朗缪尔杂志》，美国的一个著名的大气实验室也以他的名字命名为朗缪尔实验室，纽约州立大学有一个朗缪尔学院，月球背面的一座环形山被命名为朗缪尔环形山，美国阿拉斯加的一座山被命名为朗缪尔山，一个重要的化学方程式被称为朗缪尔吸附等温方程，大海中的一种涡旋被称为朗缪尔环流。在通信领域，他从理论上正确地解释了电子管的工作原理，从而激发后人研制出了诸如四极管、五极管等电子管，进而发展出晶体管，并最终导致今天随处可见的半导体芯片的出现。他通过改进水银真空泵，实质性地提高了电子管的真空度，大大延长了电子管的寿命，最终使电子管开始大规模应用。

至于朗缪尔到底是何方神圣，还是请他自己来现身说法吧。

1881 年 1 月 31 日，欧文·朗缪尔（Irving Langmuir）降生在纽约的一个贫苦的农民家里。朗缪尔从小就开始操持家务，他在父母的鼓励下对自然科学产生了浓厚的兴趣，常在劳动之余看书学习，仔细观察和记录自然界的新奇现象，从而培养出了在后来发挥重要作用的超强观察能力。无论什么异常情况都很难逃过他的法眼。11 岁那年，他发现自己的视力不正常。经过矫正后，他观察到了许多以往不曾看到的新事物，这又反过来增强了他对自然科学的兴趣，特别是对化学的兴趣。他的哥哥也是一个化学迷，后来也成了化学家。

22 岁那年，朗缪尔从哥伦比亚大学毕业，接着去德国哥廷根大学留学，师从热力学第三定律的提出者、1920 年诺贝尔化学奖得主能斯特，25 岁获得化学博士学位。同年秋天，他回到美国新泽西州史蒂文森理工学院教化学。他在这里工作了三年多，趁机培养了不少业余爱好。他在这里获得了文学硕士学位和哲学博士学位，还成了一名优秀的登山运动员。这也是后人要用阿拉斯加的一座山来纪念他的原因。他更练就了高超的飞行技术，后来在年过半百时，他还为了观看日食而兴致勃勃地驾机冲上 9000 米高空。

朗缪尔的科研生涯真正开始于 28 岁那年。当时，他从大学跳槽到爱迪生创办的通用电气公司，任职于该公司设在纽约的电气工程研究所。从此，他在这里工作了 51 年，取得了许多科研成果。刚进入研究所时，他就接到一项重要任务，其目标非常清晰，那就是尽量延长白炽灯的使用寿命。而这正好是他的博士学位论文研究内容的延续，所以也算是熟门熟路的老大难问题。当时谁都知道解决该问题的关键是确保灯泡中的高真空度。哪怕只留少量空气，当灯泡中的钨丝达到白炽状态时，它就会被空气慢慢氧化并蒸发，变得越来越细，最终断裂。若要正面强攻，按当时的技术，无论如何也没法将玻璃灯泡抽成高真空度。经过两年多的反复实验，朗缪尔最终以"偷梁换柱"之计，一招制胜。原来他不去努力抽掉玻璃灯泡中的空气，反而向灯泡中注入另一种气体。他起初注入的是氮气，后来是氩气，反正只要是惰性的气体就行。于是，灯泡中原有的空气自然被排出。而这些气体不会使钨丝氧化和蒸发，因此灯泡的使用寿命成倍延长。这种办法还解决了灯泡变黑的问题。通用电气公司赶紧在广告中大呼：同是买一个，如今一顶三！

首战告捷后，朗缪尔直奔第二个难题，即如何延长真空三极管的使用寿命。猛然一看，这个问题与第一个问题很相似，其实不然。一方面，真空三极管的温度远低于白炽灯，所以它对真空度的要求低于白炽灯。另一方面，充入其他气体排出空气后，三极管的综合性能反而下降。换句话说，此时必须正面进攻，必须想法提高玻璃管的真空度，不能再"偷梁换柱"了。哈哈，朗缪尔自然又想到了三十六计。首先，他淘汰了"无中生有"之计，因为他要做的反而是"有中生无"。又经过一番冥思苦想，他使出"釜底抽薪"和"上屋抽梯"两招，实质性地提高了三极管的真空度，真正将电子管推向大规模商用阶段。书中暗表，此处的"釜底抽薪"就是利用改进后的强力水银泵把稀薄的空气强行抽出，而"上屋抽梯"则是采用综合技术，使三极管中的空气只准出而不准进。

两战两胜后，底气十足的朗缪尔现在要攻克第三个难题了。他知道前面所用的"偷梁换柱""釜底抽薪"和"上屋抽梯"等计策都不会再有效，因为这次要解决的难题是如何将心仪的女神娶回家。他仍对三十六计充满期待。刚开始时，他使用了"远交近攻"之计，想通过女神的闺蜜来打开缺口，结果无功而返。然后，他再施"美男计"，可惜人家压根儿不接招。再后来，他用尽了苦肉计、连环计、反间计等，反正把三十六计全都试了一遍，但最终她仍未中计。无奈之下，朗缪尔只好放弃所有妙计，改为以诚相待。结果，哪知"无计胜有计"，他在31岁那年赢得了女神的芳心。婚后，他俩虽无生育，但这并未影响彼此的恩爱。

朗缪尔的最高水平科研成果是他在1919年出版的专著《电子在原子和分子中的排列》。前面已说过，该项成果使他在13年后的1932年获得了诺贝尔化学奖。该成果是在路易斯理论的基础上得到的，由于太专业，这里就不细述了。它的大意是说：在原子中，所有的电子都分布在连续的、厚度均匀的同心球壳上；凡原子数和总电子数均相等的物质，其结构也相同，性质也相似，相应的物质称为等离子体。后来的事实证明，这项成果的价值忒大，既可用于解释三极管的工作原理，也能用于解释元素周期表，还能用于解释物质的蒸发、凝聚、吸附等界面现象，甚至催生了表面化学这个新的化学分支。

功成名就的朗缪尔终生都未停止过研究活动。他还发明了氢原子焊枪和探测深水潜艇的声学器件等。他在电子发射、气体放电、原子结构、表面化学及空间电荷现象等方面都做出过巨大的贡献。限于篇幅，也为了避免过于专业化的技术内容，这里就不再逐一介绍了。

大约从 1938 起，即获得诺贝尔化学奖 6 年后，已经 57 岁的朗缪尔开始研究大气科学和气象学，比如风会怎样引起海水表面运动，积云怎么形成雨，冷云中怎样形成雪，冰晶有啥作用，它又怎样在云中形成，等等。第二年就爆发了第二次世界大战，朗缪尔接到了一个很具体的任务：如何尽快除掉高空中机翼上的冰块。其实，作为具有敏锐观察力的航空迷，他早就在注意这个现象了，还知道飞机穿越云层时才会结冰，更深知结冰的危害之大，甚至可能引发坠机事故。

关于朗缪尔到底是如何解决机翼结冰问题的，这里就省略了。从此以后，朗缪尔就与冰箱、低温和干冰等打上了交道。说话间，时间来到了 1946 年，已经 65 岁的朗缪尔要向人工降水发起总攻了。在此期间，他经历了无数次失败，三十六计也全用光了，而且再也不能"无计胜有计"了。当时，他主要以冰箱为人工制冷场景，偶尔也亲赴冰天雪地。大约在 1946 年 7 月的某一天，在即将进行下一次重要实验之前，冰箱突然不制冷了，夏天的热浪使得冰箱内的温度迅速上升，甚至开始出现雾气了。咋办呢？赶紧向冰箱内扔干冰，应急降温呗！可是，待到干冰入箱后，奇迹发生了，冰箱中的雾气竟瞬间变成了片片雪花!

实验室中的成功并不等于现实降水成功。后来又经过反复测试，朗缪尔等发现，当雾气的温度低于零下 40℃时，只要撒下适量干冰，雾气便能转变为雪花或水滴。于是，见证奇迹的时刻到了。1946 年 11 月，朗缪尔等用飞机在 2000 米高的低温云层中撒播了 207 千克干冰。半小时后，果然大雨倾盆。后来人们对朗缪尔的方法进行了改进，比如将干冰换为碘化银，将飞机撒播换成火箭送射。

1957 年 8 月 16 日，朗缪尔因突发心脏病在马萨诸塞州去世，享年 76 岁。那时，人工降雨已经普及并造福人类。

谢谢您，朗缪尔!

第四十九回

达盖尔摄影之父，涅普斯率众引路

17 87 年（乾隆五十二年）11 月 18 日，在法国科梅伊镇的一个法官家里诞生了本回主角路易斯 - 雅克 - 曼德·达盖尔（Louis-Jacques-Mandé Daguerre）。

爸爸喜欢以法官思维教育儿子，要他遵纪守法、诚信待人；还常给他灌输民族自豪感，讲解名人故事，讲述法国的光荣战争史等。但爸爸绝非民族主义者，反而经常鼓励儿子欣赏英德文学，强调英法德三国源远流长。爸爸更是歌德、莎士比亚和密尔顿的铁杆粉丝，能将《浮士德》倒背如流。每到冬夜，全家人早早地围坐在壁炉边，聆听爸爸背诵《浮士德》。于是，诸多气势磅礴的优美诗句便在达盖尔的心中打上了深深的烙印，时常激发他的灵感。爸爸还是一名社交活跃分子，家里常有哲学家、科学家和画家等聚会。大家一边用餐，一边讨论热点话题。不明觉厉的旁听者达盖尔自然开始敬仰起这些各界精英，不但将他们作为榜样，还懂得了讨论的重要性，习惯了求同存异，既能坚持己见，也愿倾听他人的意见。

作为当地行政长官的女儿，妈妈不但自己喜欢哲学和天文学，还沉迷于绘画。她对儿子循循善诱，经常向儿子耐心讲解各种画法技巧、色调搭配和明暗对比，以至达盖尔从小就喜欢绘画，立志为此奋斗终生。这也为他后来研制相机埋下了伏笔。妈妈还要求儿子做到温良恭俭让，以致达盖尔从不轻易指责和伤害别人。他总是彬彬有礼，耐心观察，及时反应。妈妈更注意配合爸爸的教育，二人同心协力让儿子变得聪明正直、心灵手巧。有一次，家里的自行车坏了，信心满满的达盖尔撸起袖子就将它拆成一堆零件，然后就傻眼了。善良的妈妈自告奋勇出手解围，建议请个师傅收拾残局。爸爸赶紧用眼色加以阻挡，并对妈妈平静地说道："别急，咱们的儿子很快就会找到办法的。"他转身对儿子说："是吧，宝贝！"被戴上"高帽"的达盖尔只能硬着头皮，反复琢磨，终于在数日后让自行车恢复原形了。

上学后，达盖尔开始接受枯燥的欧洲传统教育，方式严厉，课程呆板，内容繁多。这时，爸爸妈妈就更加注重课外活动的调剂作用了，经常带他到野外观光，一起领略大自然的万千之美，观察树枝是如何从树干中长出来的，树叶是如何从树枝上长出来的。登山时，他们欣赏彩霞云海，划船时观看沿岸风景。古堡探秘时，各种奇形怪状的屋顶、旋梯、内饰等都成了他们热火朝天地讨论的对象，特别是钟楼里隐藏的复杂齿轮更令达盖尔着迷。即使下雨在家，他们也要讨论雨雾雷电等知识。正是在如此的家庭教育环境中，达盖尔的自然科学禀赋开始显现，人文学科成绩也很优秀，甚至能用拉丁语撰写诗文。在达盖尔的中学毕业评语中，班主任高度赞美道："你的风度和品格显然成了全班的标杆。"

中学毕业后，达盖尔如愿以偿，成了一位特殊的画家，为剧院制作视觉背景，按剧情营造舞台幻象，所以他也熟悉建筑和化学等方面的知识。由于职业与兴趣完全匹配，达盖尔的才能得到充分发挥，他很快就成了当地的知名画家，尤其擅长画人物肖像，经常被市民邀到家中作画。据不完全统计，他流传至今的画作超过 100 幅，均被各地美术馆和名人收藏。达盖尔慢慢地意识到人工绘画太慢，是否有更快的方法呢？1822 年，他发明了一种类似于幻灯片的灯光布景技术，总想研制一种"不用画笔和颜料就能自动再现景色的装置"。

达盖尔并不知道，他梦想的那个装置此时已经诞生，只是还不实用而已。它的研制者便是本回配角涅普斯（又译为涅普斯、尼埃普斯等），全名为约瑟夫·尼塞福尔·涅普斯（Joseph Nicéphore Nièpce）。他比达盖尔年长22 岁，于 1765 年 3 月 7 日生于法国沙隆市郊的一个富裕家庭。他是人类历史上首张照片的摄制者，我们本想为他单独立传，但他的生平资料太少，在首台实用性相机诞生四年前的 1833 年 7 月 5 日就突然病逝。目前，我们只知他早在 1793 年就开始试制感光材料，1816 年用暗箱制成了一张暂时性的"底片"，1822 年拍摄了一张原件已失传的照片，其曝光时间长达几十小时。1826 年左右，他终于制成了首台相机，在历过 8 小时曝光后，拍出了目前收藏于法国博物馆的人类历史上的首张照片。

回头再说主角达盖尔。当他正为研制相机伤透脑筋时，1827 年涅普斯突然带着相机出现在他的眼前。两人一见如故，很快就商定合作模式，并于 1829 年正式启动相机的改进工作。他们的目标很明确：尽可能缩短曝光时间，从而使得相机成为实用装置。可惜，天公不作美，四年后涅普斯突然去世，只留下达盖尔一个人继续孤军奋战。书说简短，又经过了大约 6 年的不断努力，达盖尔在 50 岁那年终于研制出了今天所说的达盖尔摄影术

（或银板摄影术），能将影像生成在银板或镀银铜板上。后来，他再为该技术量身打造了一种相机，这便是首台实用性相机，其主要结构与现在的相机很相似，操作简单快捷。

据说达盖尔的技术突破主要来自两次偶然发现，看来机遇确实属于有准备的头脑。大约在涅普斯去世两年后的 1835 年，有一次达盖尔在无意中将一把银匙遗忘在一块抹过碘的铜板上。没过多久，银匙的影子竟印在了这块铜板上。从此，他就在铜板上涂抹碘化银，找到了最早的银板摄影感光材料。又有一次，他将一张感光不足的薄片放入空箱中。3 天后，当他想让薄片进一步感光时，却突然发现薄片上的图像已非常清晰。经反复查验，他终于找到了发挥显影作用的那种东西，即从箱底破碎的温度计中流出的水银。于是，他先让碘化银薄片感光，再将它放入稀释后的水银溶液中显影，然后用苏打溶液冲洗定影，永久性的清晰照片就这样出现了，而且曝光时间只需半小时，而不是涅普斯当初的 8 小时。至此，达盖尔终于实现了涅普斯的遗愿。

发明了实用性相机后，达盖尔赶紧申请专利。刚开始时，他确实想趁机大发一笔横财，可惜几经折腾后才发现自己压根儿就不是当企业家的料。为了让辛辛苦苦研制的相机能尽快推广，达盖尔决定将该专利低价出售给法国政府，并希望后者将它免费公之于众。1839 年 1 月 9 日，在巴黎召开的法国科学学会的一次正式会议上，达盖尔走上讲台，面向众多顶级科学家，公布了所有秘密，并对相机今后的发展趋势和可能产生的重大影响等进行了全面系统的分析。他为这次演讲准备了长达 40 页的讲稿和 23 项预测。后来，他以文字方式把所有的想法毫无保留地发表出去。再后来，他仍继续改进和推广相机技术。1839 年 8 月 19 日，他在巴黎向大众介绍了银板照相过程，还做了现场演示，此时的曝光时间已缩短为 3 分钟。书中暗表，如今回头再看时，相机对人类文明的贡献之大确实难以言表。在科研领域，大至宏观和宇观、小至微观和超微观，快至高速和超高速、慢至低速和超低速，高至太空和外太空、深至峡谷和海底，无论哪种场景，特别是高危场景都离不开摄影术。在日常生活中，相机更成了必需品。

达盖尔的相机一经公布，立即引起轰动。他本人自然成了英雄，被法国科学院授予名誉院士。他和涅普斯的后代也没吃亏，因为法国政府承诺每月给他们发放生活津贴。更令达盖尔高兴的是，他的摄影术在全球得到了迅速改进和推广，从此将人类带入视觉信息传递新纪元。仅仅一年多后，就有人改良了感光材料，将曝光时间缩短为 1 分钟。后来又有人将银板法改进为湿板法、干板法，出现了黑白胶卷、彩色胶卷、电影和静电复印等。达盖尔相机在全球普及的速度和广度更是惊人，甚至在 7 年后的 1846 年，摄影术就传入了曾经闭关锁国几百年的中国。

达盖尔的相机传到英国后，立即就让那里的一位数学家后悔不已。此人名叫威廉·亨利·福克斯·塔尔博特（William Henry Fox Talbot），他是本回的第二配角。大约在涅普斯去世一年后，塔尔博特就开始独立研究摄影术，并且进展神速。他早于达盖尔两年制成了木质小相机，拍摄了许多精美的照片，还将它们在英国皇家学会公开展示。可惜他既没申请专利，也没做宣传推广。直到达盖尔的技术从法国传到英国后，他才慌了手脚，赶紧申请英国专利。经一番曲折，在法拉第的帮助和英国女王的亲自批准下，他总算在 1841 年取得了英国专利。客观地说，塔尔博特的技术更先进，拍摄的影像更清晰，成本更低，曝光更迅速（只需区区 8 秒钟），它与今天的相机也更接近。

塔尔博特到底是何方神圣呢？他是一位传奇妈妈生下的遗腹子。作为破落贵族的孤儿，他从小极其腼腆，本该吃苦受累，可哪知精通多国语言的妈妈在危难中愣是用纤纤细手撑起了这个家，不但让家族重新兴旺发达，而且让儿子受到了良好的教育。塔尔博特在 21 岁时从剑桥大学三一学院毕业，然后游学于欧洲大陆，在数学、化学、光学和天文学等方面都取得了杰出成就，被选为英国皇家学会会员、英国皇家天文学会会员、英国科学促进协会会员等。大约在 33 岁时，有一次塔尔博特在意大利科莫湖游览，被那里的美景迷住了。他本想将它们画下来，可总是力不从心。一气之下，这位数学家下定决心，要研制出一种能自动画出美景的机器来，于是就出现了前面已描述过的情节。他并没太在意，只把相机当成玩具而已。当然，后来塔尔博特确实也没从相机的发明中获得什么名利，甚至还惹上了一身麻烦。再后来，他干脆扔掉相机重新研究数学了。

其实，在摄影术的发展历史上还有一位幕后英雄，他就是天文学家赫谢尔爵士。他很早就发明了一直沿用至今的苏打水定影术，并将该秘密全盘告诉了塔尔博特。这也是后者的摄影术研究能如此神速的原因之一。此外，诸如"负片""正片"和"摄影"等名词也是由赫谢尔首先提出的。

好了，回来再说主角达盖尔。他在功成名就后很快就从公众的视线中消失了，过上了清闲的隐居生活，继续做自己感兴趣的事情。他一边绘画、著书立说，一边以超然的心态宣传和推广摄影术。这可能是他要公布相机秘密的另一个原因，否则他将难以安宁。

大约 60 岁时，达盖尔患上了不治之症——一种颈部肿瘤。1851 年 7 月10 日，达盖尔在巴黎不幸逝世，享年 63 岁。

感谢您，达盖尔！感谢您，涅普斯！感谢您，塔尔博特！感谢您，赫谢尔！感谢历史上的所有摄影先锋。

第五十回

屡败屡战费森登，无线广播终成真

18^{66 年（同治五年），美国冒险家菲尔德建成横}跨大西洋的海底电缆并首次成功发送越洋电报，诺贝尔发明硝化甘油炸药，西门子发明大功率发电机。这一年 10 月 6 日，在加拿大魁北克省的一个牧师家里，诞生了本回主角雷金纳德·奥布里·费森登（Reginald Aubrey Fessenden）。他从小就不安分，喜欢想入非非。在 6 岁左右，他随父母一起迁居到安大略省，开始在那里上学。在他 8 岁那年，在大西洋彼岸的意大利降生了费森登今后的主要对手、"电报之父"马可尼。这位后生将在无意中处处抢占费森登的先机。

费森登 10 岁那年，明里或暗里发生了几件将长期影响他的重要事件。他与叔父一起参加了贝尔电话公司的欧洲长途电话开通典礼，对电线能传输话音感到震惊。此事在他的幼小心灵上留下了深刻的印象。据说，当时他就追问了许多问题，如为啥没有通过电线传输就能听到雷声，不用电线时是否也能传送话音。其实，这一年贝尔还获得了首个电话专利，费森登的偶像爱迪生也发明了炭精电话机受话器，并在次年向美国专利局提交专利申请。这些大事都将一步步地把费森登引入电信领域。

11 岁时，费森登进入安大略省圣三一学院读预科。三年后，他考入魁北克省主教书院读大学，并在 18 岁时毕业，获得了数学学士学位。在此期间，他主要接受加拿大的传统教育。与此同时，费森登的偶像爱迪生和贝尔等在美国热火朝天地开拓有线电报和电话事业，搞得本来就不安分的费森登心痒难耐，恨不能立即前往老爸的出生地美国，在那里与偶像们痛痛快快地大干一番。于是，费森登果断终止了正在加拿大攻读的博士学业，在 20 岁那年以留学的名义前往美国纽约的一所不知名的大学读书，并获得了奖学金。

费森登来美国的目的当然不是读书。他放下行李后就直奔爱迪生的办公室，声称自己"什么都能干，什么都愿意干"。爱迪生非常干脆地拒绝了他，因为他的简历实在太难看，他完全没有任何专业知识。可架不住他的软磨硬泡，最后爱迪生勉强给他了一个最低的职位——电灯测试员，就是将能发光的电灯装箱。非常意外，费森登竟在四年内凭实力成了爱迪生的首席化学家。在费森登 21 岁那年，德国的赫兹也取得了轰动全球的发现——电磁波可用来发射信号。于是，如何将赫兹的发现商用化就成了费森登和马可尼等新秀关注的重点。更意外的是，准备大展宏图的费森登在 24 岁那年被裁员了！原来爱迪生的公司遭遇了严重的财务危机，不得不做出如此决定。

失业后的费森登不得已来到爱迪生昔日的死对头西屋公司工作，在这里取得了众多发明，让老板高兴不已。他在两年后决定离开时，老板也很大方，欢迎他随时回公司就职，并表示"西屋公司的所有实验设备都永远向他开放，永远供他免费使用"。书中暗表，费森登一生共获得500余项发明专利，从广度和数量上看都仅次于爱迪生。只可惜他的专利的所有权大都属于所在公司，他不但没发财，也没挣到名，甚至连他的祖国加拿大的百科全书也未对他进行专门介绍，只是在介绍他那位"创建了加拿大帝国日"的伟大母亲时，顺便将他作为她的四个儿子之一，草草地附上了一句"发明了无线电广播、无线电罗盘、北美首台电视机和暴露式机枪子弹等"，甚至漏掉了他的诸多重要发明，比如水声设备、电工绝缘胶带、海底声呐系统、战舰涡轮发电驱动器等。反倒是美国人更认可他，甚至称他为"美国的马可尼"。难怪他后来加入了美国国籍。

费森登当然不想只为他人作嫁衣裳。26岁那年，他离开公司来到普渡大学担任电机系主任，从此开始认真研究电学，在无线电报方面取得了重大进展。可是，他并不知道马可尼此时正在快马加鞭地进行类似的研究，否则他就该更加聚精会神。此时的费森登仍不安分，他只在普渡大学待了一年，就又回到西屋公司，协助对方完成了一个大型照明工程项目。而马可尼则在此间的1896年成功地发明了无线电报，获得了英国政府的一大笔奖金。几个月后成立了马可尼无线电报公司，全力以赴推广无线电报业务。

费森登一看，完了，煮熟的鸭子飞了。后悔莫及的他在河边痛苦地反思，在无聊间向水面上扔石子。突然，石子溅起的涟漪激发了他的灵感。"对，像这连续的水波那样，无线电可以用来传递连续的声音！既然电话可以通过电缆传递声音，为啥无线电就不能呢？"他说干就干，立即辞掉在西屋公司的职务，来到宾夕法尼亚大学担任电气工程系主任，开始研究无线传声问题。费森登经过三年多的研究，就巧妙地运用数学手段解决了无线传声的关键问题，即高频调制问题（如何用语音控制高频电波，然后在收信端恢复语音）。

可待到真要实现无线传声时，费森登才发现万事俱备，只欠东风。他没有当时十分昂贵的高频发电机。单凭个人财力，显然不行，但他又不能拖延，否则又会被马可尼等抢了先机。于是，他急中生智，毫不犹豫地离开宾夕法尼亚大学，进入美国国家气象局。后者有的是钱，也愿意与他进行共赢合作。一方面，费森登用即将研制成功的无线传声系统代替气象局正在租用的无线电报，从而使气象局实现了系统升级，节省了租金，也拥有了自己的系统。另一方面，费森登也可借机完善技术且拥有完全的自主知识产权，气象局也愿意资助他购买高频发电机等昂贵设备。后来的事实表明，这个借鸡生蛋的策略非常正确，因为当时的竞争非常激烈，必须争分夺秒。在进入气象局的当年，即 1900 年 12 月 23 日，费森登终于实现了语音的无线传播，只是声音效果欠佳，传输距离也只有 1.6 千米，因此还需继续改进。一年后，马可尼在 1901 年 12 月 12 日成功地实现了横跨大西洋的无线电莫尔斯码传播。换句话说，在传播距离方面，马可尼已遥遥领先，而费森登的唯一优势就是语音传播。书中暗表，在今天看来，费森登的这点优势简直微不足道，因为若只考虑技术，无线广播无非就是当时已有的无线电报与有线电话的巧妙融合而已。

就在这千钧一发之际，气象局的资助突然中断。原来对方想推翻过去的合作模式，试图共享无线传声技术的知识产权。费森登当然不干，甚至向美国总统申诉，希望政府机构带头遵守既定合同，但没成功。无奈之下，费森登只好辞职，于 1902 年 8 月带着家人黯然迁居到百慕大群岛，仅靠一己之力支撑后续的研究。为了摆脱经济危机，他想了不少办法，先向加拿大政府求援，结果未成。后来，他又回到美国，总算找到了一笔风险投资，成立了一个名字大得吓人的小公司美国国家电气信号公司。他的如意算盘是：利用国家名号主打爱国牌，这样就可以使美国客户另眼相待。可这书呆子打错了算盘，虽然他希望得到"另眼相待"的目的确实达到了，但方向反了，因为在当时的美国人眼中，"美国货"就等于"劣等货"。所以，他的产品更无人问津了。

商业失败并未阻挡费森登在技术上的突飞猛进。1904 年 12 月，他以无线方式传送了中短距离语音信号，结果很清晰。1905 年，他进行了美国到苏格兰的首次横跨大西洋的语音传输实验，但噪声较大。待到 1906 年 1 月 3 日夜，他终于实现了远达 4800 千米、从加拿大到苏格兰的通信，而且他首次有意利用了电离层来远程传输电磁波，使得收音效果更好。费森登的商业才能确实有限，他想再打爱国牌，只不过这次的对象是自己的祖国。他打算以加拿大政府的名义来建立和发布首套横跨大西洋的商用无线语音系统。加拿大政府自然高兴，迅速批准相关投资者与他联合成立了费森登无线电报公司，分别在大西洋两岸建好了无线电信号收发塔。可人算不如天算，这次他竟在阴沟里翻了船。他在苏格兰建立的无线电信号接收塔竟在 1906 年 12 月 6 日的罕见暴雨中被一个惊雷摧毁了。紧接着，另一个更大的惊雷击中了费森登，此时马可尼成功地获得了加拿大的无线电发射站专有权。换句话说，包括费森登在内，所有人都不能再在加拿大发射无线电信号了。

连遭两次打击后，费森登豁出去了。他动员全家人自编自导自演，在即将来临的平安夜向附近的居民赠送一份特别的圣诞节礼物。于是，在 1906 年 12 月 24 日晚上 8 点发生了这样的奇迹：从马萨诸塞州布兰特岩城到新英格兰海岸附近的广大地区，许多船只和企业的无线电报收发员被突如其来的一幕惊呆了。有人以为自己的耳朵产生了幻觉，有人以为圣诞老人显灵了。从报务员的耳机里传出的不再是他们熟悉的"嘀嗒"声，而是一段优美的圣诞音乐；然后是一段业余水平的平安夜小提琴演奏，接着是一位中年妇女与几个孩子一起朗读《圣经》中的片段。他们显然太紧张，结结巴巴，最终卡了壳。于是，一位中年男子赶紧出来救场，宣布本次播音结束，并祝听众圣诞快乐。同时，他也希望听众写信告知自己是在哪里以何种方式听到这次广播的。

后来，雪片般的听众回信证实费森登确实利用高达 128 米的无线电信号收发塔首次成功发送了无线电广播信号，这几乎就是目前仍在广泛使用的调幅广播。其实，此前他已在多家报纸上做了广告，以多种方式通知附近来往的船只，请他们注意收听无线电报机，只是大家不知道他的意思。1907 年，他又将无线传声的发射距离延长到 320 千米，以至广播信号能清晰地传至纽约。再后来，他又在天线设计等方面做了改进。1921 年，他成功地用无线电直播了一场热门拳击比赛，听众人数达几十万人。

1932 年 7 月 22 日，费森登因心脏病突发在百慕大去世，享年 65 岁。

后来随着电子管的普及，费森登开创的广播事业得到飞速发展。在第一次和第二次世界大战中，无线电话和广播进入实用阶段，并发挥了强大的威力，以至有人把第二次世界大战称为"无线电之战"。至于无线广播在今天的普及情况嘛，那就甭说了。

第五十一回

贝尔德电视之父，拼命郎贫病清苦

伙计，你知道吗？人类历史上最早的电视机可是"机械式"的，最早的屏幕可是厚厚的马粪纸壳哟！君若不信，请读下文。

1888年8月13日，在苏格兰格拉斯哥的一个穷牧师家里，诞生了一个瘦骨嶙峋、哭声如猫的男婴。他的父母虽不知这个小可怜是否能活过满月，但仍按家族传统给他取了一个名字约翰·洛吉·贝尔德（John Logie Baird）。后来的事实表明，贝尔德确实终生疾病缠身，数度濒临死亡。他的父母笃信宗教，以为借助神的力量将儿子从魔鬼的手中抢了回来，所以，他的父亲一直希望贝尔德献身宗教事业，也成为一名牧师，哪怕像自己这样一辈子穷困潦倒。闯过鬼门关的贝尔德却让父亲失望了。他很早就表现出了发明天分，动手能力特别强，总能化腐朽为神奇。无论家里的什么东西坏了，他都能仅凭简陋的工料将其修好。他从小就是一位爱幻想、有激情、能吃苦、敢拼命的犟人。他也很乐观，常年的病痛不但没打垮他，反而让他练出了超强的毅力，更加不怕困难。

贝尔德的生平事迹流传至今已所剩无几，既不完整又彼此矛盾，特别是相关时间和地点等信息更是说法不一。为严谨计，本回将淡化这些细节，将他的一生大致总结为"病、贫、苦、拼、成"五个字，即他因病而贫，因贫受苦，因苦而拼，因拼而成，还是大有所成。他奇迹般地用垃圾废料造出了人类历史上首套机械式电视转播系统，从而被尊为"电视之父"。他的一生很好地诠释了孟子的那句名言："天将降大任于斯人也，必先苦其心志，劳其筋骨，饿其体肤，空乏其身，行拂乱其所为，所以动心忍性，曾益其所不能。"

贝尔德的病与生俱来，但后天的"贫、苦、拼"使其雪上加霜。贝尔德的贫虽与其出身有关，但主要还是因病所致。一方面，为了治病，他不得不花费许多钱财。另一方面，因为有病，他失去了许多挣钱和发展的机会，甚至失业，几乎完全断绝了生活来源。为了摆脱贫困，他曾做过多种努力。他很早就在一家竹器店当帮工，后来开过一家果酱铺，再后来创办过一家肥皂厂。可终因健康状况不稳定，疾病随时复发，他无法正常经营工厂，以至最终倒闭了事。他曾三次考入大学，先后断断续续地就读于西苏格兰技术学院、格拉斯哥大学和英国皇家技术学校电子工程专业，但都因为疾病和贫穷，交不起学费，吃不饱饭，而最终未能毕业。在第一次世界大战前，他曾试图报名参军，希望以此改善生活和锻炼身体，结果又因体检不过关而惨遭淘汰。后来，他好不容易成了一家大公司的电气工程师，还因在关键时刻修好了几台老旧设备而受到器重，甚至被提拔为部门经理，即将被派往伦敦担负重任。唉，他仍因病情突然加重而功亏一篑，被迫于

1923年辞职回家养病，从此完全失业，也正式踏上了研制机械式电视机的艰辛道路。

贝尔德所受的苦虽与贫穷和疾病有关，但更与他的个人选择有关。他若听从父亲的安排，也当一名牧师就不会落到这般田地。他却偏偏选择了拼搏，哪怕再苦再累再难，他也要拼搏。即使毫无胜算，他仍要拼搏。特别是为了自己着迷的事情，他更要拼搏，不惜拿命拼搏。当时，英国的有线和无线电报均已普及，有线电话和无声电影也司空见惯，有声电影和无线电话也已出现并迅速得到了推广。换句话说，那时已可通过有线和无线方式传播声音了。这自然使人想到能否用电信号传播图像，哪怕只是黑白图像。时年18岁的贝尔德便是众多试图研制电视机的追梦者之一，他还是其中最疯狂的一个。他甚至连吃饭都成问题，更谈不上购买昂贵的实验设备了。所以，他瞄准了低成本的机械式电视机，准确地说是机电结合式电视机（信号传播采用现成的电话方式，但图像扫描采用机械方式）。

贝尔德刚刚出手就一鸣惊人，甚至登上了当地许多报纸的头版头条。醒目的标题为"发明狂触电倒地，硬命郎差点断气"。原来实验需要高压电，一穷二白的他便无中生有，从垃圾箱中捡来几百个废电池，将它们串联成电压高达2000伏的电源。这些电池都已报废，性能不稳定。他一不小心碰到了一根裸线，只听"啪"的一声，随着一团火花喷出，贝尔德应声倒地，身体蜷成一团，抽搐不停。他口吐白沫，不省人事。幸好废旧电池的电量不大，没能将他送过奈河桥。昏迷良久以后，他总算醒了过来，双手被严重烧伤。逃过这次劫难后，他总算搭好了传输电信号的平台。其实这在当时很容易实现，只要有钱就可以直接购买现成的产品。

渡过接下来的难关就全靠创新了。贝尔德将全部业余时间献给了机械式电视机的研制，生病休养对他来说更是天赐良机。残缺的史料显示，在报名参军未果后，大约在 27 岁那年，贝尔德的病情又突然加重，他不得不到哈斯丁斯城疗养。他在那里的一个破屋子里夜以继日地研制机械式电视机，基本完成了关键的图像扫描方案。该方案确实非常巧妙，既直观又简单。为了说清该方案，我们还得请出本回配角、德国发明家保罗·戈特利布·尼普科（Paul Gottlieb Nipkow，1860—1940），请他介绍自己在 1884 年发明的一种名叫尼普科圆盘的机械装置。它的外观就是一个带有许多小孔的、能快速转动的不透明圆盘，可以锁定某个长方形小区域（称为视窗）。当圆盘不动或慢慢转动时，观察者每次只能看到视窗中的几个小孔，因为圆盘并不透明。当圆盘以每秒 25 圈的速度旋转时，整个视窗就突然变成透明的了，视窗背后的景物一览无余。

若以黑色背景的黑白图像为例，贝尔德的机械式电视机的工作原理就很清楚了。在发信方的尼普科圆盘上，每个小孔中都有一个光电转换器，当它检测到白色时就产生电流，检测到黑色时就断电。收信方也有一个转速和外形与发信方的圆盘相同的圆盘。唯一的区别就是，收信方圆盘上的每个小孔中都有一个电光转换器，当它收到发信方圆盘上相同位置的小孔发出的信号时就发出白光，否则就保持黑色。于是，收信方的观众仅凭肉眼就能从自己的圆盘视窗中看到与发信方视窗中完全相同的图像。换句话说，电视实况转播就这样实现了，而其"屏幕"只不过是带有几个小孔的不透明圆盘而已！至于尼普科圆盘到底是如何制成的，此处就不细述了，只需一个钻头和一块厚板即可，哪怕是马粪纸壳也行。尼普科圆盘利用了人眼的视觉暂留效应，它是此前电影技术中必须利用的人眼错觉。今天的（全电子式）电视机也利用了这种错觉，只不过其扫描方式改为逐行进行且密度更大。

机械式电视机方案完成后，贝尔德就进入了彻底的疯狂状态。他要在最短的时间内，不惜一切代价，赶紧造出可使用的电视系统。于是，等不及完全康复，他就于 1916 年匆匆结束疗养，回到伦敦，开始向机械式电视机的研制发起最后的冲锋。他要解决的第一个也是最大的一个难题就是筹钱！为此，他节俭到了极致，达到了近乎自虐的程度。他只租最破的房，只吃最差的饭。至于治病嘛，他也是能省就省，能拖就拖，反正要把所有能挤出来的钱都用于购买必需的实验设备。同时，他竭尽全力争取投资者，跑遍了全城所有的报馆，希望通过媒体做些免费广告。最终，他被报馆列为"不受欢迎的人"，常常被门卫赶出去。多年的积蓄花光了，能卖的家具也卖了，能当的东西也当了，能借的钱也都借了，但是就在最需要用钱的 1923 年，他干了一件"蠢事"，竟然辞职回家，全力以赴研制电视机！这虽与当时他的疾病复发有关，但更主要的原因是 1923 年美国发明家制成了电视发射管。换句话说，纯电子式电视机马上就要出现了，贝尔德必须争分夺秒，否则将前功尽弃。后来的事实证明，机械式电视机只不过昙花一现，1936 年就被全电子式电视机淘汰了。这也是至今许多人不知道曾有过机械式电视机的原因。

在这紧急关头，贝尔德的堂兄寄来了 500 英镑投资款。于是，他赶紧注册了全球最早的一家电视公司，研发进度瞬间加快。1924 年春天，他成功地转播了一朵外形简洁的十字花，虽然其图像只是隐约可见，发射距离也只有 3 米。1925 年 10 月 2 日凌晨，清晰的电视转播总算实现了。一个木偶图像被传送到另一个房间中，其眉目基本可见，只是图像上还有不少斑点。不过，这已足以引起全城轰动了。贝尔德甚至不顾颜面，赶紧借机筹集更多的研发经费。他与伦敦最大的一家百货商店的老板签订了一份合同，老板每周支付给他25英镑，并免费提供研发场地和部分实验材料，条件是贝尔德每周在该百货商店的门口至少公开进行三次电视转播。这项合作果然实现了双赢，商店的客流量大增，电视转播质量也大幅改进。1926年1月26日，英国皇家学会的50余位专家应邀前往贝尔德的实验室，现场考察了他的机械式电视系统。结果，他大获成功，引起了媒体广泛报道。后来，人们把这一天当成电视诞生日。

从此以后，贝尔德的机械式电视机迅速打开了局面。1927年，他在伦敦与格拉斯哥之间用电话线成功地转播了电视节目。1928年，他用无线电波跨越大西洋，将一部电影从伦敦传到纽约，震惊全球。电视业务很快就成为各国广播公司优先发展的业务。英国广播公司（BBC）抢先在1929年开通了公共电视广播业务，三年后实现超短波电视转播。

走过必须走的路后，贝尔德开始走自己想走的路了，他的野心也更大了，进展也更快了。1929年底，他开始研发有声电视，很快就实现了声音和图像的完全同步。从此以后，BBC开始每周播放五次固定电视节目，每次半小时。两年后，贝尔德现场转播了一场大型赛马实况，从此电视家喻户晓。1930年，他开始研制彩色电视系统，并在1941年12月完成样机测试。可惜，第三天他的实验室就在纳粹德国轰炸伦敦时毁于一旦，他多年的努力成为泡影。但贝尔德并不气馁，立即另起炉灶。1946年6月8日，他公开演示了有声彩色电视系统，并通过BBC向全球转播了第二次世界大战胜利大游行。

此时的他已像刚刚出生时那样奄奄一息了。6天后，贝尔德在1946年6月14日去世，享年57岁。

第五十二回

范斯沃斯佐利金，谁是电视发明人

不是冤家不聚头，本回主角范斯沃斯（又译法恩斯沃斯）和配角佐利金（又译兹沃雷金）便是这样一对冤家，一对在生前争论了几十年的冤家。争论的焦点自然是谁是全电子式电视系统的发明者，但一直到现在也没有最终结果。许多百科全书和教材认定该荣誉应该属于配角及其老板。而在 1938 年 7 月 22 日，美国法院给出终审判决：主角"在电视系统上拥有优先发明权"。美国邮政局在 1983 年为主角发行了纪念邮票，承认他于 1927 年 9 月 7 日发明了电视系统。美国《时代》周刊也将主角归入 20 世纪 100 位最伟大的科学家和思想家之列。

为啥会有这种怪事呢？因为在这场争论中还有一位实力派大人物——萨尔诺夫，他至今也被称为"美国广播电视之父"。不过，他对广播电视事业的贡献主要体现在商务方面，所以本回只让他跑个龙套，却是一个不可或缺的龙套。作为配角的老板，他才是这次争论的关键，也是后来电视事业发展的主要推动力。即使有了法院的最终判决，他也借用媒体宣传手段，成功地把配角和自己捧上了神坛，而让主角有口难辩，毕竟后世的作者中谁会查阅法院的判决书呢？我们当然不想陷入相关纠纷，主角、配角和跑龙套者都为人类的广播电视事业做出过巨大贡献，都值得后人尊敬和感谢。当然，他们在争论中所用的一些不光彩的手段也不能被粉饰。其实，像争夺电视发明权这样的混战，历史上还有很多。当技术发展到一定程度后，该发明的东西都会被发明，当然也可能由多人同时独立完成。

由于配角比主角年长 17 岁，且在当时的争论中更占优势，所以先让他登场。

1889 年 7 月 30 日，佐利金·弗拉基米尔·科斯马（Zworykin Vladimir Kosma），生于俄国的一个富豪之家。

老爸本想让他继承家族的航运业，他却偏偏爱上了技术。19 岁那年，他进入圣彼得堡技术学院，此后更沉迷于电视研究，甚至还协助其老师罗星发明了扫描电路等。大学毕业后，23 岁的他旅居法国，在皮埃尔·居里的得意弟子朗之万的指导下攻读硕士学位。在他 25 岁时，第一次世界大战爆发。他二话不说就回到祖国参战，成为了一名负责无线电技术的军官。战后，他加入科学探险队，途经美国考察北冰洋。十月革命爆发后，他在 1919 年来到美国，一边在匹兹堡大学听课，一边在一家公司研究电视。1923 年 1 月 29 日，他递交了一份名为"电视系统"的专利申请，这便是随后引起轩然大波的那个申请。该申请只介绍了若干初步设想，所以直到其内容被反复修改后，才在 1938 年 10 月 20 日被正式批准。37 岁时，他获得博士学位。38 岁时，他又提交了一份涉及显像管的专利，并在次年被批准。

准确地说，佐利金是电视机显像管的发明者。

由于佐利金所在的公司相当重视电视，他的研究自然进展顺利。42岁时，他推出了光电摄像管。1936年4月24日，他公开展示了电视系统的核心技术。1938年，他制成了实用性的电视摄像机。1939年，他完成了可商用的全电子式电视系统，前后共耗巨资5000余万美元，相当于旧金山金门大桥造价的两倍。1939年4月20日，他的老板在纽约世界博览会的开幕式上，抢在美国总统罗斯福上台致辞前，以现场转播方式，得意地宣布"电视时代来了"。此时，一位破产的小老板正在旧金山号啕大哭。其实，这位小老板早在此前几年就进入了电视时代，最终却输在了缺钱上。

这是咋回事儿呢？欲知详情，须先将配角和他的老板定格，让镜头回到1906年8月19日。这一天，本回主角范斯沃斯（Philo T. Farnsworth），诞生于美国犹他州的一个贫苦农民家里。

范斯沃斯从小就沉默寡言，但很早就显露了天分。他不但有摄影般的记忆力，而且对机械装置具有天生的理解力。据说早在6岁时，他就立志要当发明家，而原因竟是他偶然从电话里听到了远方姨妈的声音，仿佛她就在自己的身边一样。上小学时，羞涩的他因表现突出而备受青睐，老师专为他开小灶。他后来直接跳级毕业。由于家里太穷，父母不断搬家以寻找生存机会。11岁那年，他家终于定居在爱达荷州的一个农庄。这令他欣喜不已，因为他发现这里竟然有电灯，一个仓库里还堆放了成捆的旧科技杂志，包括若干电器的说明书等。他开始疯狂地自学这些书籍，努力验证其中的电学实验。他在12岁时造出了一台电动机，接着又将它改装为电动洗衣机。13岁时，他发明了一种汽车防盗点火开关，还获得了25美元奖金。更不可思议的是，此时他已开始考虑一个对他来说属于痴人说梦的问题——如何用电来传输图像，而不只是传输声音。书中暗表，此时人们已经知道电视系统的关键是如何实现图像扫描，而且出现了一种基于尼普科圆盘的机械扫描法。

范斯沃斯并不看好机械扫描，他要一步到位，搞出全电子式扫描技术。虽然一直没有进展，但他随时随地都在思考这个问题。机会总是偏爱有准备的头脑。大约在1921年的某一天，不满15岁的他正在俯瞰远方的麦田。他突然发现，电子扫描法不就在麦田里吗？翻滚的麦浪不就是一段视频吗？作为农家子弟，他当然知道只需两种不同颜色的庄稼就能在田里设计出任何图案，他还知道麦田是由一条条垄沟构成的。换句话说，只要能把每条垄沟中每株庄稼的颜色按顺序传送给对方，然后按相同的顺序重新拼接起来，就能完成图像传输。传输电信号时，不需要两种颜色，只需用"有光"和"无光"两种方式就能拼出黑白图像了。他兴奋无比，赶紧回家，拟定了一个"电视设计方案"，并将该方案交给了一位中学物理老师。他与这位老师进行了深入的讨论，给老师留下了深刻的印象。十几年后，这位老师还能在法庭上当众复述这个最原始的"电视设计方案"，这才使得范斯沃斯最终赢得了官司，被认定为电视的发明者。

有了电视设计方案是一回事，将它付诸实践又完全是另一回事。范斯沃斯面临两大超级难题。一方面，谁会相信一个啥也不懂的小孩能造出当时的高精尖电视。另一方面，他连吃饭都成问题，哪有钱来研制电视呢？高中毕业后，17岁的他进入犹他州杨百翰大学。一年后，父亲因积劳成疾而去世，他不得不辍学回家，但仍未放弃研究电视。后来，他加入海军，希望借机学习电子技术。当得知军人的所有发明都归政府后，他果断退役，再次返回杨百翰大学。不过这次他不是来读书，而是当了一名薪金很低的守门人，以便免费旁听相关课程。由于收入太低，一年后他被迫离开，甚至一度在盐湖城扫过大街。

19岁那年是范斯沃斯的幸运年，这一年可谓三喜临门。一喜是他在一个社区慈善机构找到了一份满意的差事，能同时兼顾工作和研究电视。二喜是他意外得到一笔天使投资。原来一个慈善家偶然问他是否愿意再读大学，他突然像变了一个人似的，开始滔滔不绝地介绍自己的电视构想。他平常柔和的目光突然散发出坚毅和热情，慈善家惊呆了。在看过他即兴画出的草图后，慈善家更觉得这小子不简单。碰巧慈善家的汽车又坏了，只见他"哐哐"两下子就让汽车动起来了。于是，慈善家二话不说，"啪"的一声，拍出6000美元。后来，慈善家又从朋友那里帮他争取到另外2万美元投资款。三喜是在一次音乐聚会上，他那娴熟的小提琴演奏技术迷住了一位漂亮的女钢琴手。两人情投意合，很快就在几个月后的1926年5月27日结为秦晋之好。从此，他既有了一个小家，也有了一个小实验室，电视研究自然高歌猛进。

为了加快研发速度，范斯沃斯搬到旧金山，并注册了范氏公司。1927年9月7日，望眼欲穿的投资者们终于见到了回报。虽然金额只有1美元，却是通过电子方式从隔壁传到眼前的屏幕上的。哇，一时间大家兴奋无比。1930年初，电视系统的传输距离已远达1千米。1930年8月，再传喜讯，范斯沃斯发明的摄像机和电视接收器均获美国专利。

接下来咋办呢？想生产并运营电视系统吧，根本没那个财力，毕竟当前的投资者都不是大老板，而且都是以做慈善的心态来帮忙的，大家总共才凑了6万美元。于是，大家分头寻找真正的大老板、大投资家。可是，大投资家没找到，却引来了大灰狼。原来本回配角佐利金以投资者的身份出现了。老实巴交的范斯沃斯自然掏心掏肺，生怕自己没讲明白而错失这次机会。

听罢范斯沃斯的介绍后，惊慌失措的佐利金赶紧把这个"噩耗"报告给自己的老板——当时全球最大的广播电视公司（RCA 公司）的总裁。"要不惜一切代价将范氏公司扼杀在摇篮里！"这位总裁斩钉截铁地命令道。于是，一场恶狼对绵羊的围猎就这样悄悄地展开了。

首先是摸清情况。这位总裁不惜屈尊，亲自以投资者的身份详细考察了范氏公司。他的目的当然是寻找其死穴，结果他还真找到了，那就是范氏公司的资金链即将断裂。

然后是出软招。这位总裁大方地出价 10 万美元，要整体收购范氏公司，同时在 RCA 公司为范斯沃斯提供一个高薪职位。可范斯沃斯不买账，断然拒绝了这份"好意"。

接着，这位总裁开始使出各种硬招，逼迫对方就范。1931 年 6 月，范斯沃斯本来与费城最大的收音机厂达成秘密协议，由对方生产电视机，自己收取专利费。可哪知收音机厂高高竖起的电视塔泄露了天机，于是这位总裁一个电话就吓得收音机厂赶紧关掉了电视机生产线。原来 RCA 是该收音机厂最大的合作者，后者的生死完全取决于这位总裁的一念之间。

最后，这位总裁吹响了冲锋号。一方面，他通过媒体将佐利金和自己包装成"电视之父"。另一方面，他把自己包装成受害者，来个恶人先告状。他以佐利金在 1923 年递交的那份未获批准的专利申请为借口，向法院起诉范氏公司侵权，其目的就是"不惜成本拖延范氏公司的专利生效的时间，等待其资金链断裂"。谁敢使用正在打官司的专利呢？范斯沃斯想起了自己的那位中学物理老师，他可以证明自己在 1922 年就有了成熟的想法。法院于 1936 年判决 RCA 公司的指控不成立！RCA 公司当然不服，又提起上诉，寻找各种理由，将官司又拖延了几年。1938 年 7 月 22 日，美国法院给出终审判决：范斯沃斯获胜！可惜此时的范氏公司已因资金链断裂而倒闭。于是，这位总裁又大发"善心"，用 100 万美元买断了范斯沃斯的电视专利使用权。

从此，范斯沃斯就消失在公众的视野中，最后在 1971 年的某一天默默无闻地去世，享年 65 岁。11 年后，佐利金以 RCA 公司副总裁的身份去世，享年 93 岁。

唉，天下熙熙皆为利来，天下攘攘皆为利往！

安息吧，范斯沃斯。安息吧，佐利金。

第五十三回

瑞利爵士成就多，生平失传莫奈何

本回主角名叫约翰·威廉·斯特拉特（John William Strutt）。你也许觉得该名字很陌生，他的尊称却如雷贯耳，称作瑞利爵士。对，就是众所周知的瑞利散射中的那个瑞利，瑞利原理中的那个瑞利，瑞利波、瑞利数、瑞利比、瑞利散射、瑞利判据、瑞利－金斯公式和瑞利－里茨法中的那个瑞利。瑞利的科学成就不但数量多，质量高，涉及面还很广。据不完全统计，他的研究领域横跨光学、声学、数学、电磁学、波动学、色彩学、弹性力学、电动力学、振动力学和流体力学等。他还是氩元素的发现者，准确地说是稀有气体元素的发现者，并因此获得诺贝尔物理学奖。他更被尊称为 19 世纪末到 20 世纪初"英国最杰出的物理学家"。我们之所以为他写小传是因为他创建了电磁波传播模式的数学理论。当然，这点成就对他来说微不足道，所以下面我们不再提及。但非常奇怪的是，如此伟大的科学家，如此高贵的爵士，他的生平信息却少得可怜。

1842 年 11 月 12 日，瑞利出生于英国埃塞克斯郡的一个世袭贵族家庭。至于这个家族的光荣史，这里就略去了，反正这家人大都当过兵，从未出过文化人。

幼年时，瑞利身体虚弱，头脑聪敏。刚入学时，他并不用功，十分贪玩，成绩也只是马马虎虎。在 10 岁那年，他还爱上了逃学。父母很着急，后来全家搬入伦敦。在新环境中，瑞利的才气初露，特别是父母请来一位漂亮的女家庭教师后，瑞利更如脱胎换骨一般，从此一心扑在书本上，很快就成了一个学习认真严谨、学问广博精深的小伙子。他善于借助简陋的设备完成精确的实验。这也为他随后的成功奠定了坚实的基础。

19 岁那年，瑞利以优异的成绩考入剑桥大学数学系。23 岁时，他以"最优秀"的成绩毕业，获得学士学位。他的毕业论文水平高，甚至没有半点瑕疵，被导师评价为"不用修改，直接付印"。由此可见，瑞利做事相当认真。实际上，他后来的成功也主要得益于"认真"二字。他其实是在别人重复了千万次的实验中发现了很容易被忽略的异常后才打开缺口，取得众多成就的。26 岁时，他获得剑桥大学硕士学位，然后留校任教，他对教学和科研的认真劲儿自不必说。在 29 岁那年，他既成了家又立了业。一方面，他顺利娶回了一个满意的漂亮媳妇。二人婚后育有三子，长子后来也成为了一名物理学教授。另一方面，他取得了自己的第一项代表性成果，发现了著名的瑞利散射现象（当光线射入不均匀介质中时，介质会因折射率不均匀而产生散射光，即光线会向四周分散射出；即使光线射入均匀介质，由于介质中分子质点在不停地做热运动，仍会产生某种分子散射。散射光的强度取决于入射光的波长，波长越长，散射越小）。

你也许会感到奇怪，这里为啥要完整地介绍瑞利散射呢？嘿嘿，因为它能帮我们明白许多有趣的现象，比如天空为啥是蓝的呀，晚霞为啥是红的呀，警示灯为啥要用红色呀。正午时分，阳光穿过大气层直射地面。根据瑞利散射，各种波长的光都要被空气散射，其中波长较长的散射较小，大部分这样的光将穿过大气层，射到地面上。波长较短的光主要是蓝光和绿光，将受到更强的空气散射。它们便是你从天空中看到的颜色。在日落或日出时，太阳光在大气中要穿过更长的距离，你所看到的直射光中波长较短光便被散射掉了，只剩下波长较长的红光和橙光。因此，太阳附近呈红色，云团也因反射阳光而呈红色，但天空仍为蓝色。因为波长较长的红光不易被散射，穿透力更强，故红光用作警示灯更醒目。伙计你看，如此高深莫测的东西竟能完全融于日常生活。当然，瑞利散射也的确有许多高大上的应用，比如黑体辐射等。

31岁那年对瑞利来说可谓悲喜交加。悲的是他的父亲去世了，因此，他按规定继承了父亲生前的爵位，从此他才被叫作瑞利，而以前他应该叫作斯特拉特。喜的是他取得了另一项代表性成果，发现了著名的瑞利原理，并当选英国皇家学会会员，从此走上了科研的快车道，在多个领域做出了重大贡献。35岁那年，他竟利用在埃及休假的间隙完成了至今仍被尊为声学宝典的两卷本《声学理论》。

从37岁起，瑞利的综合才能开始体现。这一年，剑桥大学卡文迪什实验室的首任主任、"电磁学之父"麦克斯韦不幸去世，瑞利被推荐为新一任主任。从此，他由冲锋陷阵的科研排头兵华丽转身为科研之帅了。他首先扩大招生规模，批准女生平等入学，为学生开设系统实验课程。接着，他对相关学术方向和团队进行整顿，以形成合力，优势互补。此外，他还带头干了两件大事。其一，他进一步保持严谨的学风，更加重视量化研究，追求更精准的实验结果，努力在实验室中形成精益求精的良好氛围。其二，为了改善设备条件，添置更多的精密测量仪器，他不但带头捐出巨款，还利用自己的特殊身份，向亲朋好友募集了更多的资金，为以后取得若干突破性精准成果打下了坚实的物质基础。正是在他和历届主任的共同努力下，该实验室取得了举世无双的科研效益和成果。在其鼎盛期，甚至"全球一半的重要物理发现都来自这里"。这个实验室成为诺贝尔奖得主的摇篮，其得奖人数占剑桥大学的三分之一，几乎等于整个斯坦福大学的得奖人数。

卡文迪什实验室的第一个诺贝尔奖得主是瑞利本人。在他40岁那年，学术界为普劳特假说吵得不可开交，正反双方都是当时的顶级科学家。正方代表、原子论者、苏格兰化学家汤姆孙坚信"各种气体的密度均为氢气密度的整数倍"。反方代表、现代化学命名体系的创立者贝采里乌斯则坚决反对，他认为该假说只是纯粹的臆想。伙计，你也许会感到奇怪，大家何必争吵呢？到底是骡子还是马，拉出来遛遛不就行了吗？是呀，可问题在于，当把马拉出来遛的时候，它确实很像骡子呀！在过去半个多世纪中，许多化学家反复测量后发现氧气的密度确实刚好是氢气密度的16倍，确实是整数倍呀！

这时轮到瑞利上场了。只见他气定神闲，眼观鼻，鼻观口，口观心，心观丹田，拿过氧气一测密度，果然是氢气密度的16倍。再一测，好像还是16倍。接着再测，虽然每次都稍微有一点出入，但差不多都为16倍。如此这般，也不知反复测量了多少次，也不知排除了多少干扰因素，他进行了长达12年的测试。从42岁开始，他甚至离开剑桥大学回家安心做了整整三年的认真测量。45岁时，他重新入职英国皇家研究所，继续进行测量。1894年，他用严格而稳定的实验结果精确地证明：无论是怎样得到的氧气，其密度与氢气密度之比都不是过去大家认定的整数倍 16，而是 15.882！这个微不足道的差异过去被其他化学家归入"可容忍的误差"而忽略了。

凭借测得这一点差别，瑞利结束了过去多年来的激烈争论，否定了著名的"元粒子学说"。他还凭借在这个过程中练就的气体密度精确测量技术，发现了一种新元素氩，随后启发后人取得了更大的发现。原来，在测量氧气密度的同时，瑞利也在测量氮气等的密度，因为当时只要能证明氮气的密度不是氢气密度的整数倍，就照样可以结束争论。但是，瑞利发现了另一件怪事：无论进行多么精确的测量，从空气中得到的氮气的密度都稳定在 1.2572 千克 / 米³，而用化学方法得到的纯净氮气的密度稳定在 1.2505 千克 / 米³，只比前者小 0.0067 千克 / 米³。二者虽然只相差一丁点，但其中一定暗藏玄机，没准儿还是重大玄机。为此，瑞利提出了多种假说来解释这个奇怪的现象。其中一种假说认为：空气中的氮气含有某种密度更大的同素异形体，瑞利将其命名为 N_3。

可是，瑞利的假说发表后，竟没引起任何轰动，只有一位名叫拉姆齐的化学家表示愿意与瑞利合作，深入研究该问题。又经过了难以描述的反复操作后，最终拉姆齐采用另一种办法重复了瑞利的实验，证实了瑞利的结果，肯定了 N_3 的存在。可这 N_3 到底是啥东西呢？他俩采用光谱测量法，终于在 1894 年 8 月 13 日认定 N_3 并不是氮的所谓同素异形体，而是一种特殊的、过去人们从未见过的、不活跃的单原子气体，其原子量为 39.95，在大气中的含量约为 0.93%。于是，他们将该种新气体命名为"氩"，其希腊文的含义是"不活跃"。终于，曾经长期趴在全球化学家眼皮下的第一种稀有气体总算被发现了。这显然归功于瑞利严谨的科学态度、认真周密的研究和持之以恒的超强毅力。假如他把当初的那一点差异简单归于实验误差，那么他就会与这个重大发现失之交臂。

发现氩的故事还没完呢。按此思路，拉姆齐很快发现了氦、氖、氪、氙等稀有气体，引起全球轰动。至此，故事仍没完。诺贝尔奖评审委员会一看，又发现了一个大金矿，这还了得！于是，他们赶紧把1904年的诺贝尔化学奖授予了拉姆齐，把诺贝尔物理学奖授予了瑞利。瑞利又把该笔奖金捐赠给了卡文迪什实验室和剑桥大学图书馆。伙计，你也许会问：为啥不让他俩共享同一个诺贝尔奖，而非要分别他俩各颁发一个奖呢？嘿嘿，因为他俩的贡献太大了，竟然补充了化学元素周期表中的整整一族元素，即稀有气体一族。瑞利与拉姆齐的合作堪称典范。他的学生后来回忆说，他俩来往的信件极多，关系很融洽，绝少猜疑，更无学术不端和名利之争。他们只为探索自然的奥秘，且乐在其中。

瑞利不但善科研、精管理，文笔也特别清雅畅达。他的学术论文都有严格的数学证明，定量分析十分准确。他的座右铭是"科学上的伟大发现几乎都来自精准量度"。瑞利还是一位好导师，他不但桃李满天下，而且所培养的学生一个更比一个强，其中既有电子的发现者，也有多位诺贝尔奖得主。

瑞利终生从事科研工作，晚年的成就更多。一方面，他将更多的精力用于研究电磁学，建立了电阻标准、电流标准和电动势标准等。另一方面，他在教育和学术管理方面大显神通。从63岁开始，他出任英国皇家学会会长。从66岁开始，他再次回到剑桥大学出任校长。

1919年6月30日，瑞利安然去世，享年76岁。为了纪念他的重大贡献，如今火星和月球上的一座环形山以及第22740号小行星都以他的名字来命名。

第五十四回

莱纳德科学天才，纳粹狂心理变态

本回主角名叫莱纳德。猛然一看，"纳德"二字很容易被误解为"纳粹德国"的简称。实际上，他还真是希特勒的忠实党徒，更是第二次世界大战时德国物理学界的头号法西斯分子。我们为他写小传的原因主要有二：其一，功是功，过是过，毕竟科学和政治不该混为一谈，他发明的阴极射线管在相当长的一段时间内都是电视机的核心器件；其二，希望后世的科学家引以为戒，别因政治上的错误毁了名节，留下千古骂名。

1862 年 6 月 7 日，菲利普·爱德华·安东·冯·莱纳德（Philipp Eduard Anton von Lénárd）诞生于斯洛伐克的一个不喜欢回家的酒商的家里，所以莱纳德从小就缺少父爱。更惨的是，在他幼年时，他的妈妈不幸去世，从此他就没了母爱。最惨的是，父亲又给他娶了一位凶神恶煞的后妈。从此，他的心中充满仇恨，性格也变得争强好胜。他的心胸狭隘，报复心很强。他的早年遭遇和性格真的很像比他年轻 27 岁的希特勒。更巧的是，他俩的祖籍相同，他们的父母都来自奥地利，难怪后来他俩臭味相投。

莱纳德从小就很聪明，成绩很优秀，观察力很强。他经常独自在黑夜里观赏萤火虫，着迷于萤火虫发出的这种神秘的暗光。他成年后在磷光和荧光研究方面取得了重大成就。中学毕业后，他以优异成绩考入布达佩斯大学。但入学后不久，他就因初恋受挫，成绩一落千丈，最终被迫退学。经过一段时间调整后，他又恢复"学霸"面目，于 18 岁那年以优异成绩考入维也纳大学，学习物理和化学，在两年后闪电般毕业。他到布达佩斯大学求职，再次被无情拒绝。看来，该校还真是他的伤心地，他在那里不是爱情受挫就是事业受阻。于是，21 岁的他孤身来到德国，进入柏林大学物理系，师从能量守恒定律的创立者亥姆霍兹。再后来，他进入海德堡大学，在本生电池的发明者的指导下，于 24 岁那年获得博士学位，然后留校当助教，开始研究阴极射线。

30 岁时，他成为波恩大学的一名讲师，一边给学生讲课，一边给自己的偶像、电磁波的发现者赫兹当助手。可惜，仅仅两年后，赫兹不幸去世。在接下来的几年中，他几乎每年跳槽一次，在 32 岁时任布雷斯劳大学教授，33 岁时任亚琛工业大学教授，34 岁时任海德堡大学教授，36 岁时任基尔大学教授，等等。关于他如此频繁跳槽的原因，目前已不得而知，也许他是在急切地寻找福地，也许是不受人待见。从这时起，他的怪癖就已初露端倪。比如，身为物理教师，他却特别讨厌牛顿，以至不愿见到"牛顿"二字。若讲课时不可避免地要写这两个字，他就背过身去，让学生上台书写，讲完后马上擦掉，简直到了变态的地步。后来的事实表明，他终生都很难与其他科学家相处。比他强的，他会嫉妒；比他弱的，他又看不起；

与他实力相当的，他更要严加提防，笃信一山不容二虎。

客观地说，在科研方面，莱纳德绝对是一位罕见的天才。他搞出重大成果的频率一点也不亚于他跳槽的频率。就像沿途下金蛋一样，他几乎在工作的每所大学里都是"蛋无虚发"，成果既有超前性又具有颠覆性。比如，在布雷斯劳大学工作期间，他系统地研究了自发光晶体的颜色、强度和时间等，为随后在阴极射线研究方面取得突破做好了铺垫。在海德堡大学工作期间，他发现了阴极射线与紫外线的重大区别。在波恩大学工作期间，在赫兹的指导下，他研制出了带有"莱纳德窗"的阴极射线管。这种器件可重要了，在随后引发了好几个诺贝尔奖。借助这种器件，莱纳德成功地发现阴极射线竟是由带负电的粒子组成的，物体对阴极射线的吸收量与其密度成反比，阴极射线在物体中的穿透能力会随着电压的升高而增强。更关键的是，莱纳德抢先在他进入基尔大学前将这一重大成果公开发表，获得了优先权，为自己后来获得诺贝尔奖打开了大门。实际上，当时还有几位科学家几乎同时取得了这一成果。

前面为啥要介绍莱纳德的许多成果呢？我们其实只是想说明两个问题：其一，从科研角度看，莱纳德确实是功臣，人类应该感谢他，实际上他还有许多其他成果；其二，到此刻为止，莱纳德还是一位颇具科学精神的学者。一方面，他不惧权威，敢于坚持真理。比如，赫兹曾认为"阴极射线的性能与紫外线相似"，而莱纳德用事实大胆地否定了这位大佬的观点。赫兹也非常大度，不但没忌恨他，反而将他聘为助手，悉心加以指导。其实，莱纳德后来所缺乏的也正是赫兹的这种大度，否则他就不会走上歧途了。另一方面，此刻的莱纳德也很客观，敢于和愿意自我否定。他曾认为"阴极射线是一种电磁波"，但在事实面前，他还是承认并抢先发表了自我否定性的结论，承认"阴极射线是粒子"。

但是，莱纳德的这种科学精神很快就大打折扣了，特别是在他于 1905 年获得诺贝尔物理学奖后，情况就急转直下了。1895 年 11 月 8 日，德国科学家伦琴在用莱纳德发明的阴极射线管做实验时意外地发现了 X 射线。一时间，全球沸腾，大家纷纷关注 X 射线。莱纳德也不例外，只可惜他关心的却是如何在各种场合与伦琴争名，坚持认为自己才是 X 射线的发现者，自己对 X 射线的发现拥有优先权。他还强调 "X 射线只不过是他的放电管所产生的物质的特殊情形"，"X 射线只不过是一种特别的、接近光速的阴极射线而已"。刚开始，大家相信莱纳德的观点，但随着对 X 射线研究的不断深入，人们终于发现原来 X 射线与阴极射线压根儿就不是一回事。比如，阴极射线带有负电荷，而 X 射线不带负电荷。1897 年以后，莱纳德对 X 射线优先发现权的要求就被大家忽略了。当伦琴因 X 射线而获得 1901 年的诺贝尔物理学奖后，莱纳德的"醋瓶子"又打翻了。他不但重申自己是 "X 射线之母"，还将伦琴贬为 "X 射线的接生婆"。

非常意外的是，莱纳德挑起的这场 X 射线学术争论竟促使人们获得了一项重大发现。1897 年，汤姆孙在静电场和磁场中成功地偏转了阴极射线，测出了阴极射线的荷质比，从而发现了电子。这也就彻底否定了莱纳德的 X 射线优先发现权。电子的发现使汤姆孙获得了 1906 年的诺贝尔物理学奖，这又让莱纳德感到很不爽，他自然又跳出来争功。此前一年，莱纳德自己才刚获得过诺贝尔奖，按规定根本不可能再次获奖。总之，类似的名利之争使才华横溢的莱纳德越来越不像科学家，因为他已开始仇视同行了。

实事求是地说，在与伦琴和汤姆孙的纠纷中，莱纳德基本上能做到用学术方式争论学术问题，或者说即使有过分之处，也不过是个人的性格缺陷而已。但随后就发生质变了，莱纳德开始把学术问题政治化，干脆用政治手段来打击学术异己。其中最典型的例子就是他利用纳粹势力，采用可笑的方式来批判爱因斯坦的相对论。在与伦琴和汤姆孙的纠纷中没占到便宜后，莱纳德继续研究赫兹的光电效应，很快就在 1902 年发现了光电效应的一个重要规律，让人们对光电效应做到了"知其然"，但并不知其所以然。直到 1905 年，爱因斯坦发表光量子理论后，人们才终于知其所以然。后来，密立根又从实验方面给出了光量子的进一步证据。于是，物理学界不约而同地奉爱因斯坦为光量子理论先驱。哪知这又大大刺激了刚刚获得诺贝尔奖的莱纳德，从此，他便对爱因斯坦耿耿于怀，不但对后者的成果不屑一顾，还千方百计找机会打击报复。

由此可见，莱纳德的心胸有多么狭隘。当时人们对莱纳德的学术成就非常认可，几乎把他当成顶级物理学家之一，但他总觉得自己的地位还应该更高。正是在这种负面心理的驱使下，本来该成为杰出科学家的莱纳德开始莫名其妙地对政治感兴趣，在无形中逐渐坠入深渊。作为一位在 1907 年才加入德国国籍的移民，他竟对德国表现出了异乎寻常的"爱"，甚至在第一次世界大战中坚决支持德国的侵略行为，恨不得亲赴沙场。结果，他唯一的儿子死在了战场上。莱纳德的全部积蓄在战后赔偿引发的通货膨胀中几乎丧失殆尽。面对接二连三的打击，莱纳德不是自我反省，而是钻进了死胡同，开始以极其偏执的态度仇恨爱因斯坦等科学家，仇恨全世界。战后，他竭力鼓吹德国军事化，成了一个不是日耳曼民族的日耳曼民族主义者，甚至比绝大多数日耳曼民族主义者更过分，在排挤犹太人的活动中更卖力。

他第一个跳出来以政治手段而非学术手段反对爱因斯坦的相对论，还别开生面地搞了一个"百人签名反对活动",宣称与爱因斯坦势不两立。从1920年起,他多次在公开场合猛烈批判犹太人,无情攻击犹太科学家爱因斯坦,甚至滑稽地鼓吹要建立一种没有受到犹太理论污染的德意志物理学,要通过政治力量来改写德国物理学,好像自然界会专门为他们这种"优等民族"制定一套物理规则似的。但是,他越反对爱因斯坦,后者的名气和学术影响反而越大。爱因斯坦在1921年获得了诺贝尔物理学奖。对此,已经59岁的莱纳德几乎快气疯了。

是可忍孰不可忍,但莱纳德又不得不忍,因为这时他还没找到自己的组织,没找到帮手,只能在黑暗中不断摸索,四处碰壁。1924年,莱纳德的"太阳"终于升起来了。于是,他不顾一切地追随希特勒,拼命宣扬种族主义和排犹主义,甚至肉麻地吹捧希特勒是"头脑清晰的哲学家"。1933年,希特勒成为德国的元首。已经71岁的莱纳德总算熬出了头,总算有了用武之地。于是,他立即加入纳粹党,成了希特勒的"无比忠实的科学顾问",开始大刀阔斧地消灭科学界的异己分子。他迫不及待地编撰了一本官方史书《科学伟人》,干净利落地去掉了居里夫人和爱因斯坦等同时代的著名科学家,以使自己显得更伟大。对于莱纳德的忠心,希特勒当然投桃报李,立即给他颁发了"德意志帝国鹰盾勋章",选他为"海德堡荣誉市民",聘他为纳粹的"首席雅利安物理学家"。

可惜,莱纳德的好日子很快就到头了。1945年,第二次世界大战结束,希特勒自杀,已经83岁的莱纳德被捕了。出于人道主义考虑,也因为他的科学贡献,国际法庭并未将他送入监狱,而是勒令他回到一个小镇上安度晚年。在那里,这位忠实的纳粹党徒思念着儿子和战友,于1947年5月20日孤独地结束了自己的黑白人生,享年84岁。

第五十五回

霸道总裁肖克利，硅谷之父被遗弃

1910 年 2 月 13 日，在英国伦敦诞生了本回主角威廉·布拉德福德·肖克利（William Bradford Shockley）。他的父母本来就是美国人，他在 3 岁时随父母回到美国加州，在成立惠普公司的车库附近长大，难怪他后来也走上了创业之路。

肖克利是家中的独子，他虽然体弱多病，但从小就特别淘气，做起恶作剧来更是别出心裁。他常在客厅的地毯下暗藏机关，待来访客人触发机关时，他就会突然发出恐怖的叫声，令人毛骨悚然。他还喜欢养毛毛虫等令人感到恶心的宠物，吓得小朋友们哭爹喊娘。再加上脾气暴躁，他很难与人相处，以至童年时很孤独，唯一的玩伴便是隔壁那两个天不怕地不怕、年龄更大且更爱捣蛋的假小子。在这两个假小子面前，肖克利竟然唯命是从。对了，这两个玩伴的老爸是一位教授，他对肖克利的影响很大，甚至堪称肖克利的科技启蒙人。

肖克利的个性太强，性情倔强，普通学校显然管不住他。于是，他的父母决定亲自动手，要把他教育成神童。在金矿里担任骨干工程师的父亲当年就是从麻省理工学院毕业的高才生，精通八国语言；母亲是从斯坦福大学毕业的首批女生中的一员。难道这样一对夫妻还对付不了小小的肖克利吗？没多久，老爸老妈就败下阵来，赶紧将他送入当地的一所著名军校。军校里威严的教官和收音机等形形色色的高科技玩意儿很快就降服了肖克利的野性，从此他对各种高科技产品产生了兴趣，立志长大后也要搞出惊人的发明，也要成为百万富翁。

肖克利从小就是天才吗？我们还是让数据说话吧。据说，有一次妈妈带他去自己的母校斯坦福大学找到一位心理学老教授，请求对方给他测测智商。结果一测，唉，只有区区129，虽高于平均值，但低于135的天才水平。这让妈妈大失所望，因为在她的心中，自己的儿子肯定是一个超级天才。妈妈不死心，次年带他再测一次，结果却是更让人惊讶的125，他的智商不升反降，妈妈只好认命。失望之余，妈妈顺便测了一下自己的智商，她的智商竟达到了161！

在他15岁那年，父亲不幸去世，妈妈带着肖克利搬到洛杉矶，让他就读于好莱坞高中。毕业后，他考入加州大学洛杉矶分校物理系，一年后转入父亲的母校，在那里掀起了一股"肖克利旋风"。这小子长着一副好莱坞硬汉的脸庞，肌肉匀称，身高达1.93米。他被当地的一家健身器材公司聘为模特，拍了全套写真广告集。实际上，他终生坚持从事健身和游泳等运动，还是一位攀岩高手。现在纽约还有一条以他的名字命名的攀岩路径。据说他攀登过阿尔卑斯山的所有高峰，晚年又沉迷于航海。深受好莱坞文化影响的他终生都好出风头。在贝尔实验室工作时，他竟在众目睽睽之下，徒手攀上了餐厅里最高的石墙，让众人惊叹不已。

22岁那年，肖克利大学毕业，然后继续在麻省理工学院攻读博士学位。他很快就因行为怪诞而成了名人。也许因为曾就读于一所军校，他竟在上学时随身携带一把手枪，让大家心惊胆战。当然，他的这种行为也给他带来过麻烦。在新泽西州的一条高速路上，他曾被警察以非法持枪罪带进了警察局。在读博士时，他与一位比自己大两岁的女生结了婚。婚后不久，二人生了一个小千金。从此，桀骜不驯的肖克利开始认真读书，在26岁那年取得了物理学博士学位。他的导师也很另类，只是把研究物理学当作谋生手段，真正感兴趣的却是文学、音乐和美酒。不过，这位导师很厉害，竟培养了两位同样玩世不恭的诺贝尔奖得主。

博士毕业后，肖克利本来已留校任教，结果在导师的怂恿下来到了贝尔实验室工作。在这里，他在1937年诺贝尔物理学奖得主的领导下，很快就发表了多篇高水平论文，并在1938年获得了首个专利，发明了一种电子倍增放大器。这便是后来在集成电路中广泛使用的场效应器件的雏形。啥叫放大器呢？肖克利的解释是：点燃马尾后，比较该马在狂奔时释放的能量和点火所需的能量，便能理解啥叫放大器了。后来的事实表明，无论是主动或被动，肖克利终生都与放大器有缘。他曾在浴室里突发灵感，搞出了另一种更恐怖的放大器，当时就被政府无情地扼杀了。直到第二次世界大战后，参与"曼哈顿计划"的科学家们才惊出一身冷汗：天哪，竟然有人早在1939年就制成了人类历史上首个核反应堆！没错，此人就是肖克利，只不过当时他是应贝尔实验室的要求，想试一下能否从核裂变中获取新能源。

第二次世界大战爆发后，肖克利在32岁时进入军事科研部门负责研制对付敌方潜艇的深水炸弹。结果，他很快搞定了，将美军对敌方潜艇的击沉率瞬间提高 5 倍，因为他附送了一套潜艇搜索方法，让敌人无处遁形。34 岁时，他又开始训练飞行员，教他们使用一种新型雷达投弹瞄准器。从此，这种瞄准器在轰炸日本时发挥了重要作用，并且用在了轰炸广岛和长崎的原子弹的投放上。太平洋战争末期，美军本来策划了针对日本的大规模登陆行动，以迫其投降。军方让肖克利负责全面评估，结果发现：若登陆日本，将造成对方 500 万至 1000 万人伤亡，但日本将全民参战，美军死亡人数会达到 40 万至 80 万，受伤人数会达到 170 万至 400 万。决策层一看这些数字就将登陆作战改为投放原子弹。

战后，肖克利回到贝尔实验室，负责研制另一种放大器——替代电子管的半导体器件。虽然此前他已在该问题上冥思苦想了 5 年多，但待到正式立项时，他仍发现自己碰到了硬茬！一年过去了，他没能攻下难关；两年过去了，难关没让他通过。让肖克利十分惊讶的是，在立项后的第三个年头，他手下的两个进入课题组不久的新人巴丁和布喇顿竟在 1947 年圣诞节前两天，阴差阳错地捣鼓出了一种名叫"点接晶体管放大器"的玩意儿。这便是后来被称为"20 世纪最重要的发明"的晶体管的雏形。更让肖克利惊讶的是，这两位"不懂事"的新人在随后申请专利和发表论文时竟都忘了署上肖克利之名。既气愤又无奈的肖克利哪肯轻易认输，他在 1948 年 1 月 23 日发明了一种更先进、更可靠的结型晶体管。这就是后来的晶体管。

已经挣回面子的肖克利仍不肯罢休，他于 1950 年出版了《半导体中的电子和空穴》一书，从理论上详细阐述了结型晶体管的工作原理。同年，他真正研制出了首个可靠的结型晶体管，并被美国科学院评为院士。他于 43 岁那年离开了贝尔实验室，因为他认为实验室的领导过于偏袒那两个新人。后人不得不佩服肖克利，因为他知道如何发现问题之根本，把晶体管研究引向了正确方向。从此，人类才有了实用型晶体管，才有了后来整个电子工业的强大引擎。晶体管比电子管更小，速度也更快。从耗能角度看，它的放大效率比电子管提高了数百万倍。

离开贝尔实验室后，肖克利先回麻省理工学院执教一年，又去五角大楼任职一年，其间与身患子宫癌的妻子离了婚。这时，晶体管产业已开始快速发展，基于晶体管的助听器、收音机等小型电器已批量生产，一大批大公司开始大量使用晶体管，市场规模超过 10 亿美元。更可喜的是，高纯硅的工业提炼技术已成熟，晶体管产业如虎添翼。终于，肖克利坐不住了，因为他从小就想成为大老板，成为百万富翁。他于 1955 年回到老家硅谷（当时叫圣克拉拉谷），准备大干一番，发誓要再掀起一股"肖克利旋风"。回到自己的地盘后，他宛若龙归大海，很快就找到了天使投资，注册了肖克利晶体管公司，自任总经理。

老板当然不能只唱独角戏。肖克利发现原来人才都在纽约，于是经过一通鼓吹，招来了 8 位才华横溢、年轻力壮的小伙子。他们热血沸腾地来到肖克利所说的"世界一流晶体管实验室"时，顿时就傻眼了。这不就是传说中的家徒四壁吗？此时正值 1956 年 1 月，肖克利接到电话，得知他和那两位新人共享当年的诺贝尔物理学奖。于是，他赶紧把正在失望的 8 位小伙子请来参加"全球首个诺贝尔奖得主创办的公司"的早餐会。虽然早餐很简单，但大家立马振奋了精神，个个摩拳擦掌，恨不能瞬间改变全世界。

可他们高兴得太早了。作为科学家，肖克利堪称举世无双；但作为企业家，他远不如武大郎。在制定公司战略方面，他谋大智小，对市场一窍不通。他先是一拍脑袋搞了几个备受冷落的产品，接着又大搞赔钱的基础研究，反而不重视赚钱的晶体管技术。他在管理方面几乎一窍不通，常常朝令夕改，全无章法。在为人处世方面，他自以为是，唯我独尊，随意训斥员工，态度傲慢至极。大家经过深思熟虑后提出的集成电路计划也被他不假思索地断然否定了。终于，大家忍无可忍，集体递上辞呈。肖克利不但不服软，不挽留，反而在短暂的震惊之后大发雷霆，骂大家为叛徒。从此，硅谷就诞生了著名的"叛逆八人帮"，肖克利也成了"硅谷第一弃儿"。孤掌难鸣的肖克利被迫在 53 岁那年卖掉公司，成了斯坦福大学的一名教授。

那八位技术人员后来果然大显神通，很快就发明了集成电路，把半导体事业搞得热火朝天，竟将一个名不见经传的山谷变成了全球闻名的硅谷。肖克利稀里糊涂地被尊为"硅谷之父"。

晚年的肖克利不务正业，搞起了"人种学"，鼓吹黑人的智商低于白人，惹得抗议者公开焚烧他的画像，让他丢尽了面子。

大约在 70 岁那年，他突然遭遇严重的车祸，结果竟大难不死。1989 年 8 月 12 日，肖克利因前列腺癌去世，享年 79 岁。后来，他与爱因斯坦等一起被评为"20 世纪 100 位最有成就的科学家"，还与"叛逆八人帮"中的两位一起被评为"20 世纪经济领域最有影响力的人物"且并列第一。

第五十六回

巴丁遇上布喇顿，原来都是低调人

在日常生活中，有一样东西特别重要，重要到人们一刻也不能离开它；但它又特别低调，低调到你压根儿感觉不到它的存在。伙计，你知道这东西是啥吗？对，它就是空气！

在如今的电子世界里，也有一样东西特别重要，重要到像空气一样，重要到几乎所有电器一刻都不能离开它；但它又特别低调，低调到一般人压根儿感觉不到它的存在，低调到甚至连普通电器专家也不知它到底藏在哪里。伙计，你知道这种东西是啥吗？告诉你吧，它就是大名鼎鼎的晶体管！也许有人要问：老手电筒里有晶体管吗？嘿嘿，还真有，只不过是"老晶体管"！对任何晶体管来说，它的主要功能之一就是开关！伙计，这可不是俺忽悠你哟，因为有高深的数学理论作证。实际上，所有的运算，包括计算机中最智能化的操作，都可最终分解为二进制的逻辑运算，即开关运算或基于开关的运算。也许有电器专家要问：谁说找不到晶体管藏在哪里，它不就在芯片里吗？确实，它就藏在芯片里，甚至整个芯片就是一堆晶体管。但请你拔出芯片看看，除非用高倍显微镜观察，否则你既看不到"晶体"也看不到"管"，只能看到一块平凡得不能再平凡的"薄瓦片"！也许还有"杠精"不服，非要找出某个不含芯片的电器，然后质问它是否也含晶体管。伙计，别费劲儿了，统一回答你吧：所有由电子驱动的动作都离不开逻辑操作，而在可见的将来，执行逻辑操作的最佳器件都是晶体管，无论它们是像现在这样被嵌在硅片中，或今后被嵌在陶瓷中。

上面为啥要花那么大篇幅来谈论晶体管呢？一来，本回主角巴丁和配角布喇顿就是晶体管的两位发明人，他们因此获得了1956年的诺贝尔物理学奖。二来，现实生活中的巴丁和布喇顿都与电子世界中的晶体管一样低调，甚至更低调！他们低调到啥样呢？这样说吧，他们低调到外界竟对他们一无所知，甚至连传记作家都找不到素材。

两次获得诺贝尔奖的巴丁竟低调到他的老邻居只知道隔壁大叔为人友善，还经常在野炊时乐颠颠地跑来跑去帮忙，甚至亲自下厨做饭。他的高尔夫球友竟不知他是著名科学家，只知道他的球艺不错。他对自己偶尔出现的"一杆进洞"特别自豪，甚至说："一杆进洞，能抵得上两个诺贝尔奖！"球友暗笑："哈哈，这哥们简直不学无术，也许压根儿就不懂啥叫诺贝尔奖！"获得诺贝尔奖的当晚，他竟彻夜难眠。他不是高兴得睡不着觉，而是遗憾得睡不着觉，因为他觉得像自己的导师魏格纳那样的伟人才配得上诺贝尔奖。他反复自问："我获此奖是否名不副实？"在第二次获得诺贝尔奖之前，他竟主动联系评审委员会，不是去拉票，而是要把自己从候选名单中去掉。他担心"自己已获过一次奖"的事实会影响合作伙伴们本次获奖。结果，评委们经认真讨论后决定打破惯例，第二次将诺贝尔物理学奖颁发给巴丁及其合作者。当同事们祝贺他获得两次诺贝尔奖时，他很认真地纠正道："不是两次，而是连一次也不到，准确地说是三分之二次。原来，他两次获奖都是与另外两人共享的，所以在他的眼里就变成了两个三分之一。他沉默寡言，被学生们取了一个外号叫"沉默巴丁"或"细语巴丁"。他的妻子回忆说，他在家里从不谈论工作，只有一次例外。那天，他下班回到家里轻轻对妻子说："你知道吗？今天我们发明了一样小东西。"后来，妻子才知道丈夫发明的那个"小东西"竟然就是晶体管！有人用"巴丁数"来形容一个人的"谦虚程度"。这里的"巴丁数"被定义为某人的"实际成就"除以该人的"自我吹嘘程度"。对一般人来说，"巴丁数"可能等于1，就是说不夸大成绩就已经很不错了。而对一些人来说，特别是在申报奖励时，其"巴丁数"非常小，常常把芝麻说成了西瓜。而对巴丁来说，他的"巴丁数"几乎为无穷大！关于巴丁低调的故事实在太多，此处就不再赘述了。

有人问：难道巴丁从未高调过一次吗？非也，那要看在哪里。比如，若在赛场上，哇，那绝对亮瞎你的眼！这时的巴丁的兴奋劲儿不亚于任何疯狂的球迷。他一会儿放开嗓门呐喊，一会儿挥舞手臂乱跳。遇到自己喜欢的球星时，他就更疯狂了！在打高尔夫球时，若偶尔"一杆进洞"，他肯定又高兴得蹦上了天，恨不能让全世界都为他欢呼。

当一个人低调到极致时，会出现啥情况呢？在回答该问题前，先谈谈另一个术语"超导体"。在某一特定温度下，电阻为零的导体称为超导体。换句话说，当温度越来越低时，超导体对电流的阻力就越来越小；当温度低于一定值后，电流受到的阻力就趋于零了！低调和低温看似毫不相关，这里为啥要一起来说呢？主要原因有二：其一是超导现象的理论解释归功于巴丁等人，他因此于 1972 年第二次获得诺贝尔物理学奖；其二是从"巴丁数"的角度来看，随着一个人自我吹嘘的热情不断降低，即越来越低调，他所遇到的来自合作者的阻力将大幅减小。当低调到巴丁这样的极致程度后，合作阻力就几乎没有了，就可以全心全意做科研了。巴丁是一个典型的合作型教授，其两次获奖都是与别人合作。无论与学生或同事在一起，他从不骄傲，而是非常谦虚，与大家一起进行认真的计算，认真做实验，认真撰写论文。他不但善于结交志同道合的朋友，还善于结交观点和兴趣不同的人，并与他们终生保持着友谊。他与别人合作交流的方式很多，除了教学、写作、做学术报告之外，他还积极参与各种学术组织和政企咨询活动。早在大学期间，他就是学生联谊会的活跃分子。与同学们打牌时，他更加高兴，因为每次他都必赢无疑。据说每到交纳会费时，他常空手前往，几圈扑克下来，问题就解决了。无论是上司、下属或同事，他都能与之友好相处。即使碰上霸道之人，他也只是选择默默离开。

有人又要问了：难道巴丁只与人合作而不参与竞争吗？非也。该竞争时，他从不让步！在运动场上，他异常顽强。用他哥哥的话说，"这小子简直抱着球不放，谁也抢不过他"。在学习上，他从不服输。用他妈妈的话来说，"每当遇到难题时，他都会知难而进"。在科研中，他更是如此。无论是发明晶体管还是成功地解释超导现象，他之所以越战越勇主要是因为这些"拦路虎"激发了他的热情。在获得辉煌成就和各种荣誉后，他从不满足，很快又去迎接新的挑战。

那么，巴丁如何两次获得诺贝尔奖呢？欲知详情，请读下文。

1908 年 5 月 23 日，本回主角约翰·巴丁（John Bardeen）诞生于美国威斯康星州。他的父亲是威斯康星大学医学院的创始人和首任院长，同时也是一位解剖学教授。他的母亲曾任教于芝加哥大学实验学校，后来从事室内装饰工作，是艺术界的一名活跃人物。

父母特别重视巴丁的品德教育，从小就让他树立了勤俭节约、努力学习、辛勤工作、温文尔雅、做事执着、心胸宽广、热爱运动、心地善良、谦虚谨慎、举止稳重、锲而不舍、服务社会的价值观。这确实是巴丁一生最好的写照。在童年时，他异常安静，经常依赖哥哥与别人交流。少年时，他显示了超人的智慧、敏锐的直觉和深邃的思想。他不但非常用功，而且特别专注，想象力很丰富。他早期的科研兴趣主要得益于父亲。父亲经常与他讨论数学问题，还给他买了许多有机染料等化学品，让他在地下室里尽情地做实验。

巴丁的中小学就是一部跳级史。他在 6 岁时上小学，但他很快就发现课堂上老师讲的内容太简单，压根儿吃不饱！咋办呢？跳级！于是，在 8 岁那年，他直接从小学三年级连跳三级，进入了初中一年级，成了班上的"小不点儿"。他是一个典型的"学霸"，尤其在数学方面更了不得。初二时，他在全市的代数竞赛中拿了冠军！由于所在初中缺少实验设备，再加上他又吃不饱了，所以，他又跳级，进入了一所高中。12 岁时，母亲因患癌症去世。当时，他吓呆了，但仍在 14 岁时读完了大学预科班。可能因为跳级太快，也可能因为母亲去世，中学毕业后，他并未立即升入大学，而是转学到了哥哥的班上，与哥哥一起主修物理和数学。在此期间，在哥哥的影响下，巴丁的社交能力得到提高，合作精神大大增强。这一点对他后来的事业有很大的帮助。他的所有成果都得益于大跨度合作，依靠他一己之力根本不可能成功。

15 岁时，巴丁考入了威斯康星大学。因为他不想成为像父亲那样的

"象牙塔学者"，所以他选择了就业前景更好的工程学院，攻读电气工程专业。在大学期间，他取得了优异成绩，还自学了数学和物理学等许多课外知识，在本科阶段就学完了所有感兴趣的硕士课程。他一度到校外的公司做了一年兼职工程师。即使这样，他仍然有用不完的精力，所以又参加了许多学生组织，热衷于各种公益活动。1928 年，他获得了理学学士学位；一年后，他就取得了电气工程硕士学位。然后，他留校担任了一段时间的研究助理，主要研究天线辐射中的数学问题，首次接触到了量子理论。

1930 年，美国经济大萧条，许多大学都不得不裁人，研究助理职位更是被大幅压缩，所以巴丁必须重新就业。起初，他本想去 AT&T 公司，结果被拒，因为该公司也正忙着裁员呢。最后，他好不容易才在海湾石油公司找到一份学非所用的工作。于是，他开始阴差阳错地研究地球物理学，准确地说是勘探石油。但他从未因此而闹情绪，始终坚持"在其位，谋其职"，充分利用自己的电工知识，踏实工作。不久，他就发明了一种用于勘探石油的电磁学新方法。该方法不但新颖，而且能大幅提高勘探效率。公司决定以保密而非专利方式使用该项技术，以免竞争对手获得更多的信息。差不多 30 年后，这种方法才公之于众。

在石油公司工作的三年期间，巴丁从未与别人有过任何争执，得到了领导的高度赞赏。当时的文艺青年评论道：他像一部无声的黑白电影，没有浓墨重彩的张扬，也没有连绵不断的喧嚣。这种状况在他以后的职业生涯中几乎没有改变。石油公司的待遇虽高，但他在这里工作毕竟只是应急，自己真正感兴趣的东西其实还是物理学和数学。1933 年，他咬牙辞职，自费前往普林斯顿继续攻读博士学位。起初，他希望跟随那里的偶像爱因斯坦完成自己的博士论文。可惜，报到后他才发现，自己的偶像已经离开，而且爱因斯坦没有兴趣指导研究生。巴丁只好来到魏格纳教授的门下，学习固体物理学。而正是在该领域，巴丁先后两次获得了诺贝尔物理学奖。书说简短，巴丁于 1936 年以博士论文《论金属功能函数的理论》获得了博士学位，然后获得哈佛大学初级研究员奖学金，从事碱金属聚能和导电率研究。1938 年，他在哈佛大学做博士后研究，成为第一代"将量子力学应用于真实固体"的理论物理学家。

在攻读博士学位期间，巴丁还有另一个重大收获，那就是遇上了自己一生的挚爱——珍妮。1938 年，他们步入婚姻殿堂。婚后，他们育有两子一女。不得不说，巴丁确实是一个不可多得的好儿子、好丈夫和好父亲。读博士期间，为了照顾病重的父亲，他干脆中断学业，直到父亲去世后才恢复博士学位论文的撰写工作。婚后，为了增加收入，他同时讲授多门课程，甚至连暑假也不歇息。在家中，他尽力帮助妻子料理家务，洗衣、扫地、烹饪等样样精通。无论是出国访问还是出席重大授奖仪式，他都带上妻儿老小，让家人分享他成功的喜悦，又能彼此照应。当然，对亲人无微不至的呵护并没有影响他的工作，反而有助于他在学术上永攀高峰。

从哈佛大学的博士后工作站出站后，巴丁于 1939 年来到明尼苏达大学担任助理教授。可惜，第二次世界大战爆发了。他在 1941 年被派往位于华盛顿的海军军械实验室，一直工作到战争结束。这段工作令他很不愉快，因为他偏离了物理理论研究，而且工作缺乏灵活性，甚至充满了讨厌的、混乱的军事官僚作风。不过，他还是坚持了下来。战后，他迫不及待地回到了基础物理学研究领域。其实，他本想进入一所大学，但为了养家糊口，为了拿到更高的工资，他进入了贝尔实验室半导体物理小组，仍然研究自己喜爱的固体物理学，与组长肖克利和组员布喇顿一起研制人们热切盼望的半导体器件——晶体管。

在巴丁入职前，肖克利就提出了一种设想——构造半导体晶体管。但经反复实验，该设想未实现，也无法解释原因。巴丁和布喇顿加入后，他俩提出了另一个至关重要的半导体表面态理论，终于解决了过去的卡脖子难题，发明了后来被称为"20 世纪最重要的发明"的点接触晶体管。此事让整个贝尔实验室沸腾了，但课题组组长肖克利很失落，因为他因未做出实质性贡献，未被列为本次专利的发明人。于是，肖克利赶紧在该专利公布前，独自研制出了更先进的结型晶体管——PN 结晶体管。当然，低调的巴丁和布喇顿二话没说就离开了贝尔实验室，退出了这场晶体管发明权之争。后来，诺贝尔奖评审委员会经认真调研后，将 1956 年的诺贝尔物理学奖同时颁发给了肖克利、巴丁和布喇顿，以表彰他们三人在发明晶体管方面的重大贡献。

离开贝尔实验室后，巴丁于 1951 年 5 月 24 日前往伊利诺伊大学，担任电气工程和物理学系教授，开始研究超导理论。他为啥要选择超导课题呢？因为超导这只"拦路虎"惹怒了他！实际上，虽然超导现象很早就被发现了，但它的原理一直是个谜。爱因斯坦、海森堡、玻尔、费曼等都曾试图给出超导现象的理论解释，结果都以失败而告终。在很长的一段时间内，超导理论没有任何进展，此事被视为"理论物理学界的耻辱"。刚开始时，巴丁单枪匹马干了 5 年，虽未能打败这只"拦路虎"，但摸清了敌情。于是，他招收了两个不同专业的学生库珀和施里弗，组成了超导电性理论攻关小组。又经过了两年多的努力，他们终于在 1957 年 3 月创立了BCS 理论。这里的 B、C 和 S 分别为巴丁、库珀和施里弗三人英文名字的首字母。BCS 理论从微观上对超导性给出了合理的解释，从而最终解决了困扰物理学家长达 46 年的难题，被认为是量子理论发展起来以后对理论物理的最重要的贡献之一。于是，他们三人一起获得了 1972 年的诺贝尔物理学奖。

巴丁的一生充满了精彩。他是一位真正的天才，却没有怪异的性格，也没有神秘的背景与经历。他与身边的普通人没啥区别，简直就像邻居大叔。他对物理学的热爱从来没有停止过。直到生命的最后一刻，他还在发表论文。他集众多优秀品质于一身，善于运用扎实的理论知识去解释实验数据和现象。他的优秀品格、独特的思维方式和严谨的作风等都令人非常钦佩。

1975 年 3 月，巴丁从伊利诺伊大学退休。1991 年 1 月 30 日，才华横溢、成就卓越的巴丁终因心力衰竭而去世，享年 82 岁。

伙计，你也许会问，为啥配角布喇顿还没有正式登场呢？唉，不是不想让他登场，而是他留下的生平信息太少。目前，我们只知道他的全名叫沃尔特·布喇顿（Walter Brattain），1902 年 2 月 10 日生于中国厦门，少年时在牧场中度过，父母都是美国人。他在 22 岁获得惠特曼学院理学士学位，24 岁获得俄勒冈大学硕士学位，26 岁获得明尼苏达大学博士学位，27 岁进入贝尔实验室，在 45 岁时与巴丁一起发明了晶体管，在第二次世界大战期间曾从事潜艇磁探测工作，53 岁时再获理学博士学位，自 60 岁起在惠特曼学院当客座讲师，自 65 岁起任教授，70 岁退休。

若非要再补充一点的话，那就是除了获得 1956 年的诺贝尔物理奖外，他还是美国科学院院士，从事过压电现象、频率标准、磁强计和红外侦察等方面的研究。

第五十七回

基尔比惊获诺奖，土疙瘩终成主粮

哈哈，本回主角的行为涉嫌"砸场子"。当瑞典国王将 2000 年的诺贝尔物理学奖颁给他以奖励他在 42 年前发明首颗芯片时，世人都以为一个物理学家要登场了，一位杰出的科学家诞生了！可哪知这位时年 77 岁的老人一点也不买账，他声称自己只是一位普通的工程师，最多算是发明家。他坦称自己既不懂物理，更不是科学家。他对科学家和工程师有着相当清晰的认识，认为科学家解释自然事物，工程师解决实际问题；科学家创造伟大思想，而工程师只创造工艺和产品，并让它们有用且能赚钱。他还认为，发明家既可能是科学家，也可能像自己这样，只是一名工程师。他承认自己很现实，主要想把产品做得更好、更便宜、更简单，把创新技术分享给大众，并从中获利；只要看见自己的产品能抢占短期市场，也就心安理得了。当然，他还承认发明并非易事，并无现成套路，唯有刻苦努力。

天哪，不是物理学家，你拿物理学奖干啥？

不过，我们详细研究了相关素材后发现，这位老人还真没撒谎，反倒是诺贝尔奖评审专家们"揣着明白装糊涂"。早在读书期间，他的物理成绩就不咋的，后来他也没搞过物理研究，更未提出过新的物理定律，未发现新的物理现象。他自己说："我的工作可能只是引入了看待电路器件的一种新角度，并开创了一个新领域。自此以后的多数成果其实都与我没啥关系了。"他确实称不上物理学家。至于科学家的帽子嘛，他就更不好意思戴了，毕竟他并非出身于学术殿堂，也从未发现过任何科学规律，更没思考过什么科学问题，甚至连一篇像样的科学论文也没发表过，只是拥有 60 余项专利而已。不过，他确实是一名相当有成就的工程师。诺贝尔奖评审委员会评价他"为现代信息技术奠定了基础"，《洛杉矶时报》评选他为"20世纪对美国经济最有影响的 50 人"之首。他被称为"芯片之父"。人们盛赞他"点燃了一个信息时代"，做出了"20 世纪上半叶最有价值的发明"，革新了电子工业，奠定了第三次工业革命的技术基础，改变了人类的生活方式。

既然主角不是科学家，那么为啥又要为他写小结呢？其实，我们想通过这个难得的案例，让读者真切地体会一下有时是"英雄造时势"（比如爱因斯坦和牛顿等就是这样的英雄），但有时确实又是"时势造英雄"（比如本回主角就是信息技术时代所造就的英雄）。他自己说："我知道这项发明很重要，但从来没意识到它会这么重要，更未想到它会得到如此广泛的应用。"如今回过头再看时，不难发现当初他发明芯片的思路和方法并不复杂，但是他发挥了创造性思维，抓住了问题的核心，把数学技巧用在了解决实际工程问题上。其实，就在他发明首款芯片仅仅几个月后，一位亿万富翁、科学家、仙童半导体公司的诺伊斯发明了更先进、更强大、更实用的硅芯片，更早投入了商业领域。这也是为啥诺伊斯始终不服气，想通过法律手段，甚至不惜花费 10 年功夫打官司，为自己争取"芯片之父"的荣誉。当然，诺伊斯也承认："即使芯片制造工艺不由自己发明，那么一定也会由别人发明。只要晶体管制造工艺足够先进，关于芯片制造工艺的想法就会出现，其技术就会被发明出来。"只可惜诺伊斯于 1990 年去世了，从而与诺贝尔奖擦肩而过。所以，本回主角在发表获奖感言时叹息道："要是诺伊斯还活着的话，他肯定会和我共同分享此奖。"后人公认，本回主角和诺伊斯是芯片的共同发明人。由此可见，芯片的发明在当时已到了瓜熟蒂落的地步，只待有缘人出现了。

伙计，加油吧。就算你暂时尚未获得诺贝尔奖，没准儿哪天也会因一项并不复杂的发明而被时势造就成了英雄呢！本回主角到底是如何被时势造就的呢？欲知详情，请读下文。

1923 年 11 月 8 日，本回主角杰克·基尔比（Jack Kilby）以长子身份诞生于美国堪萨斯州杰弗逊城的一个普通家庭。基尔比的家族和他的一生都非常普通，在各方面都普通。除了发明芯片外，他也没啥与众不同之处。若非要找出他有啥与众不同的话，也许就是他那超过 2 米的身高和膀大腰圆的外形了。但是，如此顶天立地的一个大汉说话时竟慢声细语，举止温文尔雅，性情温和。亲朋好友们戏称他为"温柔的巨人"。据说，在他读书时，所有球队都争先恐后挖他当主力。毕业时，他才说其实自己压根儿就不喜欢打篮球，只是不愿让大家扫兴，才勉为其难，上场灌几个球而已。实际上，他对所有体育项目都不感兴趣。

基尔比的父母都是伊利诺伊大学香槟分校的毕业生。父亲是一位优秀的电气工程师，还拥有一家小型电力公司。基尔比从小就是爸爸的"小尾巴"，经常怀着崇敬的心情看着爸爸在发电厂里捣鼓各种发电和输电设备。他觉得非常好玩，立志要像爸爸那样，也成为一名电气工程师。啥叫工程师呢？爸爸告诉他说，如果一个人"能用一块钱完成别人用两块钱才能完成的工作"，那么这个人就是工程师。后来成为工程师后，基尔比的成本意识格外强烈，这也是他特别关注芯片的原因。为了能当好工程师，基尔比不停地折腾着家里的各种物件，如钟表、玩具、烤箱等。只要是能拆卸的东西，他几乎都不止一次地重新组装过。即使收不了场，也有爸爸兜底；即使把什么宝贝拆坏了，也不会被埋怨。父母还鼓励基尔比和妹妹多读书，并为他们订阅了《大众科学》和《大众机械》等科普杂志。这些都对基尔比的成长产生了极大的影响。

10 岁时，基尔比有幸到芝加哥参观了一次世界博览会，其中的未来城市展区令他终生难忘，特别是那台侧面挡板被打开的火车头让他知道了火车的工作原理。另外那架载人悬索滑车让他浮想联翩，憧憬着美好的未来，并暗自下决心，今后一定要加入"改变世界"的活动中，并为之做出贡献。14 岁时，爸爸在当地建立了一个业余无线电通信网。这又让基尔比见识了如何架设天线、如何检测信号等操作。他在给爸爸当助手的同时，也学会了莫尔斯码和发报技术，甚至自己动手组装了一台发报机，考取了业余无线电操作员执照。后来，他经常与远在古巴和夏威夷的无线电爱好者进行通信。

直到读高中时，基尔比的成绩都很一般，最多只算中不溜儿。后来，一位历史老师激发了他的学习热情，他意识到必须发挥最大的潜力，并以此为奋斗目标。虽然他家不差钱，但在暑假期间，他还是努力外出干农活，或去工厂打短工。繁重的暑期劳动让他体会到生活的艰辛。于是，他下定决心好好学习，今后绝不靠出卖蛮力过日子，更加坚定了要当工程师的初心。

1941 年，基尔比高中毕业。他本想进入美国最好的工学院——麻省理工学院，希望今后成为一名出色的工程师。可是，由于考试成绩实在不给力，最后仅以 3 分之差被拒，只能勉强进入父母的母校读本科。此事让他终生耿耿于怀。入学后不久，珍珠港事件就爆发了，基尔比应召入伍，在印缅战场待了数年，成了一名无线电通信设备维修员。他甚至随史迪威将军来中国打过日本鬼子呢。基尔比后来回忆说，战争催人早熟，当意外发生时，你必须面对它，想出办法，解决它，然后就进步了。

战后，基尔比回到大学，继续读电子工程专业，学费由军队负担。当时的许多教授来自军方，而且是在战争中实际使用过雷达和无线电设备的军人，他们的动手操作能力很强，非常重视解决实际问题，非常强调集中精力，重点突破。教授们的工程思维对基尔比产生了很大的影响，所以，他对当时的微型电路工艺非常清楚，甚至将它们归纳为三类：一是把各种器件做成同样大小和形状，以简化电路连接；二是用薄膜制成可能的器件，然后将其他器件插入薄膜中；三是在一种材料中制造出全新的结构，并用它造出完整的电路。后来的事实表明，他发明的芯片工艺属于第三类。

24 岁那年，基尔比从大学毕业，获得了电子工程学士学位。正是在这一年，贝尔实验室发明了晶体管。啥意思呢？这意味着基尔比在整个大学期间所学的主要知识（电子管技术等）已过时。换句话说，他的大学白念了！不过，从工程角度来看，实际问题并未完全解决，因为即使用当时最先进的晶体管，组装出来的设备仍然十分笨重，完全不适于大规模应用，还有许多小型化甚至微型化的制造工艺问题需要解决。此外，当时晶体管的成本很高，很难普及。为此，基尔比怀着对晶体管技术的浓厚兴趣，就职于威斯康星州的中心实验室。他在这里整整干了 11 年，先从事收音机、电视机和助听器的零器件制造工作，后升任为设计负责人。在此期间，他掌握了当时最先进的印制电路工艺。更为重要的是，他在这里完成了发明芯片所需的准备工作。

首先，他解决了后顾之忧，娶到了一个满意的媳妇。从此以后，他就可以全心全意从事自己热爱的工程师事业了。

其次，他利用工余时间参加威斯康星大学的电子工程学硕士班夜校，阅读了大量介绍微型化电路的论文，全面学习了晶体管知识，坚定了晶体管是电子线路中最好的器件的信念。他亲耳聆听了晶体管发明人巴丁的演讲，此后对晶体管的兴趣就更大了。他还在 1950 年获得了理科硕士学位。

最后，1952 年基尔比被派到贝尔实验室，参加了为期两周的晶体管技术研讨会。与会期间，他疯狂学习各种晶体管制造工艺和理论知识。回来后，他立即组建了一个三人攻关小组，研发了一些晶体管制造设备，还用锗成功地长出了晶体，制造出了锗晶体管。他们用锗晶体管和电阻、电容等造出了放大器并投放市场，但销路不好，因为用户需要的是硅晶体管，而非锗晶体管。

英国雷达研究所的达默于 1952 年提出了集成电路的理论构想，即把电子线路所需要的晶体管、二极管和其他元器件全部制作在同一块半导体上。其实，达默的这个想法并没啥高深之处，但如何从工艺上将其变成现实呢？当时的产学研各界展开了激烈竞争，谁都想拔得头筹成为芯片的首位发明人。无论基尔比当初是否知道达默的理论，但非常明显的是，随着时代的发展，微电子技术的概念正迅速从科学理论转变成工程思维。

总之，集成电路已呼之欲出，研制微型电路的梦想在基尔比的心中更是越来越强烈。此时，他却发现中心实验室已无法帮助自己实现梦想了。老板对硅没兴趣，不想在硅课题上投资，因为硅工艺的造价确实太高。基尔比坚信，只有硅才是未来的电子材料，只有硅晶体管才是未来。1958 年 5 月，基尔比跳槽到了德州仪器（TI）公司。这家公司愿意支持他研究"电子器件微型化"课题，并答应给他提供足够的时间和不错的条件。在刚刚入职两个月后，在其他大部分老员工外出休假时，冷清的车间突然给他提供了灵感，一个天才的想法在他的脑海里渐渐清晰起来：采用相同材料，同时制造无源元件（电阻、电容）和有源器件（晶体管）；这些元器件还可以事先在同一块材料上造好，再相互连接，然后形成完整的电路。

用什么当作"同一块材料"呢？基尔比当然选择了半导体硅。硅广泛存在于岩石、沙砾和尘土中，是地壳中含量第二丰富的元素，占地壳总质量的 26.4%。

其实，有关芯片发明的细节，基尔比几乎在一天之内就完成了。1958 年 7 月 24 日，他将发明思路整理成了只有 5 页的实验日志，并画出了相关设计图纸和工艺流程。一句话，基尔比的创意是利用单独的一块硅片做出完整的电路，如此便能将电路缩小到极致。待到老板休假回来后，基尔比呈上了自己的方案。当时，大家对这项发明的重要性都相当认可，虽有人怀疑其可行性，但绝不怀疑基尔比的能力。在随后的芯片研制过程中，TI 公司的实力也帮了基尔比的大忙，毕竟 TI 公司拥有制造晶体管的专利许可，还是硅晶体管的首创者和最大的制造商，是美国国防部电子设备微型化计划的合作伙伴。在冥冥之中，TI 公司好像已为基尔比做足了一切准备。

1958 年 8 月 28 日，基尔比完成了关键部件。1958 年 9 月 12 日，TI 公司的众多主管怀着激动而紧张的心情围住基尔比，观看他的演示。只见他胸有成竹地将 10 伏电压接在了输入端，再将一个示波器接在了输出端。在接通电源的瞬间，示波器上出现了频率为 1.2 兆赫、振幅为 0.2 伏的振荡波形。试验成功了！人类历史上第一块芯片终于诞生了！TI 公司马上向全球宣布了这一振奋人心的喜讯，基尔比立即启动了专利抢注工作。幸好他抢得快，否则在随后与诺伊斯打官司时就被动了。1958 年 9 月 12 日便被视为芯片的诞生日，它揭开了信息革命的序幕，开创了历史新纪元，宣告了硅时代的来临。

后来的事实表明，从基尔比的这块小小芯片开始，半导体制造技术不断发展。待到英特尔公司推出奔腾微处理器时，在一块小晶片上集成的晶体管早已超过 300 万个。如今，这个数目就更大了。过去半个多世纪以来，芯片的发展始终遵循著名的摩尔定律，芯片上的晶体管数量每隔 18 个月就会翻一番。随着芯片生产工艺的飞速发展，各种电子产品快速向轻薄短小的方向发展。个人电脑、移动电话等几乎每种电子产品都离不开芯片。可以说，芯片正全面改变着世界。据不完全统计，全球半导体产业的产值早已达到数千亿美元，成了世界上最大的产业，而且仍在以两位数的速度增长。如今，硅已是制造电子器件的主要材料，成了电子工业的"粮食"，成了支撑整个电子产业大厦的栋梁。

自从发明了芯片后，基尔比还做了许多其他有意义的发明和创造工作。不过，与芯片相比，它们几乎都可以忽略不计，所以下面就不再详述了。

简单地说，基尔比在TI公司工作了12年，接着又当了8年顾问。在此期间，他于1966年研制出了第一台袖珍计算器。后来，他又发明了一种硅质太阳能装置，但未得到市场认可。1978年，他前往得克萨斯农工大学，随后担任了6年的电机工程学特聘教授。

1980年和1981年，基尔比的妈妈和妻子先后去世。此后，他开始孤独地思考和阅读。有趣的是，基尔比虽然研制了许多电子设备，但他从不使用它们。计算时，他坚持只用计算尺；计时时，他拒绝用电子表，而只用传统的手表。此外，他始终认定自己只是一个解决问题的工程师，对他来说解决问题比挣钱更重要。他甚至承认"对于那些用钱就能解决的问题，自己缺乏想象力"。只要能做自己喜欢的事情，他就心满意足了。在生活方面，他也没啥追求。一辆汽车用了数十年，即使已破烂不堪，他也舍不得淘汰，仍将其放在车库里备用。

2005年6月20日，基尔比因患癌症在达拉斯的家中与世长辞，享年81岁，身后留下了两个女儿和5个外孙女。

第五十八回

赫尔尼前头开路，诺伊斯昂首阔步

本回主角被戏称为"硅谷市长"，严肃一点的话称之为"硅谷之父"，学术一点的话称之为"集成电路之父"。IT 界还知道他是英特尔公司的创始人，更知道他曾两次与诺贝尔奖擦肩而过。看来他确实命中无奖，但特别有名，特别有才。他的名字叫罗伯特·诺顿·诺伊斯（Robert Norton Noyce），1927 年 12 月 12 日生于美国爱荷华州的一个牧师世家。他的祖祖辈辈都接受过高等神学教育，家族盛产诗人和校长等，所以家中的精神生活非常丰富。这使得他从小就生性随和，为人洒脱，豁达正直，魅力十足。他特别善于与人沟通，总能让对方备受感染和鼓舞。但他家的物质生活又是另一番风景。因为爸爸是一位尽忠职守的虔诚牧师，一天到晚忙着四处传播福音，哪里苦就去哪里，哪里穷就住哪里，所以，诺伊斯从出生那天起就频繁地从一个穷村子搬到另一个更穷的村子。他儿时最大的梦想就是穿上一双新鞋。作为家中四个孩子的老三，他从来只能穿二哥的旧鞋。

不过，贫穷不但没能限制住他的想象力，反而让他更加调皮，好奇心更强，更加活泼伶俐。他特别喜欢动手动脑。富人家扔掉的家什全都成了他那露天实验室的宝贝，那些破铜烂铁经他一折腾就能立即旧貌换新颜。他乐此不疲，成天待在实验室里。他曾用废旧零件装配过无线电收发报机，还用它进行过远程通信；用洗衣机上淘汰的发动机造出过摩托雪橇，还在冬天驾驶着它满街送报。他做过的各种"化学实验"就更多了，反正经常险象环生。在12岁那年，他甚至用废品组装出了一架悬挂式滑翔机，然后载着二哥从屋顶上起飞，信心满满地往下俯冲，结果差点冲进十八层地狱，被摔得鼻青脸肿。但他并未汲取教训，反而把滑翔机改为风筝，借用马车的拉力，把7岁的弟弟拽上了天，吓得弟弟哭爹喊娘，甚至惊动了当地记者。诺伊斯终生都沉迷于飞行和滑翔，发达后曾亲自驾驶水陆两用飞机上下班呢。他还喜欢冒险，尤其爱滑雪、冲浪、飙车等，所以他经常挂彩，不是伤胳膊就是断腿。据说只有在危险的刺激中，他才能缓解内心的压力。

在中学阶段，诺伊斯并不爱学习，只是凭着一股子聪明劲儿，利用干农活的间隙，以第一名的成绩考入了当地最好的学校——由他的祖先创办的格林纳尔学院，学习物理学和数学专业。在大学期间，他仍发扬中学时的风格，课外表现特别优秀。作为运动健将，他获得过1947年全美中西部运动会跳水冠军；作为音乐爱好者，他精于双簧管演奏；作为演员，他能说会唱，经常出现在当地电视节目中。他的课内表现也非常突出，特别是物理成绩稳拿第一。这就为他赢来了人生的第一位重要人物——格林纳尔学院物理系主任。后者对诺伊斯的帮助主要有以下三点。

其一，他让诺伊斯亲眼看见了传说中的晶体管。原来，系主任与晶体管的发明人之一巴丁曾是大学同窗兼密友。据说，诺伊斯当时就热血沸腾，发誓今后也要研究这玩意儿，并立即开始收集晶体管方面的资料，进行相关实验。当然，那时大家都不懂啥叫晶体管，诺伊斯只能孤军奋战。

其二，系主任帮助诺伊斯养成了追求简洁明快的习惯。系主任见诺伊斯是可塑之材，便对他格外严格要求，每次考试时不但要求他保证结论正确，还要求过程简洁，更得思路明晰，否则就扣分并予以批评。当然，系主任自己也以身作则，无论是讲课或做事，都言简意赅，雷厉风行。一来二去，诺伊斯做事就不再拖泥带水了。后来他对发明家的品质有一番别开生面的描述，他说：发明家必须首先是偷懒家，要用最懒惰的方法解决最困难的问题。成名后，当他被问及发明集成电路的动机时，他竟只答了一个字：懒！"当时，我考虑到用导线连接零件太费事，何不干脆将它们集成在一起呢？"他风趣地补充道。

其三，系主任曾帮诺伊斯躲过一次牢狱之灾。诺伊斯天生就是帅才，总想显示领袖气质。在大三时，有一天，班上想搞一次特色野餐活动，万事俱备，只欠一头烤乳猪。就在大家束手无策时，诺伊斯神秘地一笑就离开了。片刻后，他竟牵回一头活蹦乱跳的小猪。一阵掌声后，大家七手八脚，很快就将它烤熟了。几天后，警察找上门来，要送诺伊斯进监狱。原来，那头猪竟是这小子从附近的农场偷来的。系主任一听就傻眼了，赶紧找到失主，又是赔礼又是道歉，保证今后对学生严加管教，绝无下次。最终，老师的诚意感动了对方。失主撤诉，接受民事赔偿了事。为了让诺伊斯吸取教训，校长勒令他休学一年，认真悔过。丢尽脸面的诺伊斯只好到纽约的一家保险公司做了一年统计工作，顺便见识了大城市的花花世界。这对他日后的事业很有帮助。

一年后，焕然一新的诺伊斯回到母校，从此变得非常努力，很快就完成学分，于当年秋天顺利毕业，获得文学学士学位。对，你没看错，不是物理学学位。接下来，他才进入麻省理工学院，开始攻读物理学。其实，此前他还曾报考过飞行员，幸好因为色盲而被淘汰，否则硅谷的历史将会重写。由于物理方面的基础太差，诺伊斯学习非常勤奋，夜以继日地钻研晶体管方面的知识，最终在26岁那年顺利获得物理学博士学位。

博士毕业后，诺伊斯拒绝了众多大企业的聘用，反而选择了一家名不见经传的小公司。他认为，在小公司里工作才能受到全面的锻炼，有利于发挥更大的作用。该公司正好新设立了一个半导体部门，非常适合他在这里发挥自己的优势。三年过去了，诺伊斯取得了自认为很满意的发明专利，在半导体领域也算小有名气，但公司始终不给力，好像并不想在晶体管领域大干一场。此时，诺伊斯人生中的第二位重要人物主动找上门来，他就是当时鼎鼎大名的"晶体管之父"肖克利。更让诺伊斯兴奋的是，当时肖克利的手下并无一兵半卒，他是专门来邀请诺伊斯与自己一起创业的。真是想啥来啥，诺伊斯二话不说，拉起老婆和两个孩子就于1956年来到硅谷，急匆匆地闯入了新公司，撸起袖子就干上了。可是，一年多后他不得不离开了肖克利，从此背上"叛徒"的"罪名"。其中的是是非非此处就不论述了，如今回头再看时，肖克利对诺伊斯的影响其实更大，主要有以下三点。

其一，如果说系主任将研究晶体管的种子播入了诺伊斯的心中，那么肖克利让这粒种子生根发芽并最终长成参天大树。肖克利是当时晶体管研究方面的全球第一人，其行事风格也与诺伊斯一样。他不但将人类的半导体事业引上了正确的道路，更让诺伊斯找到了晶体管研究的真谛。

其二，肖克利让诺伊斯首次与诺贝尔奖擦肩而过。当时诺伊斯已产生了研制基于量子隧穿效应的"负阻二极管"的想法，且完全有望很快搞成。但作为公司老板，肖克利对此不屑一顾，最终诺伊斯不得不终止研究。仅仅一年后，日本人也想到了这个主意，并因此获得 1973 年诺贝尔物理学奖。

其三，肖克利让诺伊斯汲取了教训，坚信高科技企业必须实行人性化管理，员工和老板必须相互尊敬。这也成了后来硅谷企业甚至全球高科技企业的主流文化。一句话，肖克利为诺伊斯树立了一个企业经营与管理的反面形象。肖克利恃才傲物，倚仗自己的"诺贝尔奖得主"和"晶体管之父"等光环，藐视包括诺伊斯在内的员工，随意训斥大家。对于各种建议和意见，哪怕是像集成电路研究这样的革命性建议，他都一概置之不理。

离开肖克利，诺伊斯领导其他 7 名离开肖克利的技术人员，于 1957 年创办了仙童半导体公司，在这里工作了整整 10 年。他在企业经营和管理方面的业绩自不必说，如今全球公认仙童半导体公司是整个硅谷的火种，是几乎所有半导体公司的人才或技术发源地。所以，下面简单介绍一下诺伊斯在这里如何第二次痛失诺贝尔奖。

为此，必须请出本回配角。他就是生于瑞士的金·赫尔尼（Jean Hoerni）。他也是"叛逆八人帮"之一，先后在日内瓦大学和剑桥大学获得过两个博士学位，然后移居到美国就职于麻省理工学院。后来，他与诺伊斯一起配合肖克利创业，接着配合诺伊斯创办仙童半导体公司。赫尔尼也是一个典型的矛盾复合体。一来，他说话很刻薄，甚至警告父母"若想让我高兴，就别问我的工作"。二来，他喜欢跳槽，1961年与"叛逆八人帮"中的另外两人一起离开了仙童半导体公司，创办了另一家公司（如今已是通用电气公司的骨干子公司）。三来，他是一位狂热的登山迷，踏遍了全球的高山。据说，他具有令人难以置信的耐力，只需一点食物就能跋涉数小时。四来，他心地善良。由于经常攀登喀喇昆仑山，他被那里人们的生存状况所感动，捐建了一所学校，还捐巨资创办了一个慈善基金，希望永久性地为那里的人们做贡献。五来，他非常谦虚，经常贬低自己的物理学水平"不及本科"，但他发明了一种关键工艺，使得只需利用更便宜的硅而不是此前必需的锗，就能制造晶体管；否则，如今的"硅谷"可能就会改名为"锗谷"。

正是基于赫尔尼的这项关键工艺（实际上经过了捷克物理学家库尔特·列浩辉的改良），本回主角诺伊斯终于在1959年7月发明了硅集成电路。虽然此前一年，基尔比早已发明了锗集成电路，但后来的事实证明硅更实用。所以，业界公认他俩同为集成电路的发明人。基尔比在2000年发表诺贝尔奖获奖感言时说："要是诺伊斯还活着的话，他肯定会和我共同分享此奖。"唉，真可惜！不过，凭借自己发明的硅集成电路，诺伊斯赢得了威望和财富。当然，这也是他应该获得的。

由于仙童半导体公司的出资方过分干扰，骨干们纷纷跳槽单飞。诺伊斯在经营了仙童半导体公司 10 年后，与当初"叛逆八人帮"中的摩尔一起告别仙童半导体公司，并在 5 分钟内找到天使基金，合作创办了英特尔公司。从此以后，"叛逆"就成了硅谷的基本特质和重要的发展途径。

　　1990 年 6 月 3 日，诺伊斯在游泳时突发心脏病，不幸去世，享年 62 岁。

跋：棺材老板抢生意，外行发明交换机

伙计，书读至此，你已对通信各领域的大师级人物有了一个较全面的了解。细心的读者也许已注意到，在这些大师中，竟然没有人涉及通信系统最关键的部分——交换机和交换系统。这是为啥呢？原来，虽然交换系统的整个发展过程涉及众多人物，但他们都称不上大师。几经权衡，我们只好在本书的跋中，让发明交换机的相关人员集体亮相，简要回顾一下电话交换机的发展历史，细节可见拙作《通信简史》。

电话刚发明时，其实是相当奢侈的玩意儿，只有超级富豪才用得起。张府若想与李府通话，他们得首先拉一根专用电话线；若他们再想与赵府通话，那又得再各自拉一根电话专线通往赵府。从数学上说，如果 N 家人想彼此通话，那么就得一共拉起 $N(N-1)/2$ 条电话线。这时就不再是够不够富的问题了，而是如何管理好每家的 $N-1$ 条电话线。不但要维护好它们，防止被绕成一团乱麻，而且不能搞混淆了，否则说情话或坏话时就会被别人听到。这时需要一位接线员，他虽然并不想与上面的 N 家人通话，但每家人都要拉一条电话线与他相连，而且只需一条。当张府想与李府通话，他们就应首先与接线员联系，后者再将张府与李府的电话线临时连接在一起就行了。如此一来，N 个用户的电话网就只需 N 条线，而且每家都不再需要管理多条线路了。

但当 N 足够大时，新问题又来了。一方面，当许多人都同时要求服务时，接线员可能根本应付不过来。另一方面，许多用户压根儿就没必要舍近求远。于是，就像建立小区邮局那样，接线员就进入了小区，而且该小区中的每个用户都只与本小区的接线员相连。如果通话双方都住在同一个小区中，那么该小区的接线员就可以直接让他们通话；若本小区的用户想与另一个小区的用户通话，那么本小区的接线员就得先与另一个小区的接线员联系。如果小区足够多，接线员之间也彼此应付不过来了，这时就需要有一批更高层次的大区接线员来为小区接线员服务。如果大区接线员又太多了，那么就得再增加一层更大区的接线员来为大区接线员服务。依此类推，直至所有电话用户都能得到满意的服务为止。当然，除了最早期之外，这里的接线员其实已经不再是人了，而是一种名叫交换机的机器。

由此可见，电话系统绝非大家平常所见的座机和手机那么简单，其背后是一个像大脑神经网络一样复杂的系统，它们才是核心。所以，交换机的历史几乎与电话的历史一样长。实际上，当首部电话在 1876 年 2 月诞生时，第二年贝尔就创办了贝尔电话公司，开始了电话业务的商业化运营，年底用户数就达到了 3000。随着电话用户数量和通话距离的迅速增加，众多电话线之间的连接方式反而成了发展的瓶颈。于是，在电话出现仅仅两年后的 1878 年，世界上最早的电话交换机就出现了。当时的交换机由接线员进行人工接插操作，所以又称为人工交换机。它们的操作原理是：若交换机所服务的用户共有 N 个，每个用户都有一个不同的编号；所以每台人工交换机就相当于一个 $N \times N$ 的棋盘，每一行代表一个主叫用户，每一列代表一个被叫用户，行与列的每个交点都有一个接线孔，当第 X 号用户想主动呼叫第 Y 号用户时，接线员只需将一个金属插头插入棋盘上第 X 行与第 Y 列的交点上的那个孔中就行了。人工交换机的缺点显而易见，那就是容量很小，需要占用大量人力，工作繁重，效率低下，且容易出错。

关于人工交换机被淘汰，还有一个有趣的传说。据说，大约在 1891 年，有一位名叫史端乔的殡仪馆老板莫名其妙地被交换机接线员抢了生意。原来他的客户的来电都被转接到另一家殡仪馆去了。后来，他才知道那位接线员是那家殡仪馆老板的堂弟。恼怒的史端乔发誓要研制一个不需要人工操作的交换机。结果，他还真的研制出了世界上第一台自动交换机，其名叫步进制电话交换机，并且迅速在 1892 年投入商用。步进制电话交换机由预选器、选组器和终接器等部件组成，以机械动作代替接线员的人工操作。当用户拨号时，选组器会随着拨号的脉冲电流，一步一步地改变接续位置，并最终将主叫用户和被叫用户间的电话线路自动接通。这个史端乔确实是个天才，他还发明了一种旋转式拨号盘，现在偶尔还能看见，虽早已被按键式拨号电话抢了风头。

后来，在史端乔工作的基础上，又出现了更先进的步进制电话交换机。从工程角度看，不同的步进制电话交换机确实千差万别，但从理论上看，它们的原理都一样，都无异于众所周知的"对号入座"。当你要进入某小区拜访朋友时，首先你得找到楼号，接着找到单元号，然后找到楼层号，最后找到房间号就行了。因此，若以 4 位电话号码为例，步进制电话交换机就相当于一个居民小区，每一个电话号码对应于一户人家，而交换机的工作过程相当于逐步找到楼号、单元号、楼层号和房间号。从外形上看，当初西门子的步进制电话交换机还真像一栋塔楼呢。步进制电话交换机虽然实现了自动交换，但仍有很多缺点，例如接点是滑动式的，可靠性差，易损坏，动作慢，结构复杂，体积庞大。此外，由于其控制接续部件和通话部件合而为一，在拨号和通话过程中这些部件都将被独占，直到通话完毕。这又造成了资源浪费。

1919 年，瑞典工程师发明了一种更先进的交换机，他将过去的滑动式改成了点触式，既减少了磨损，又延长了使用寿命。 1926 年，首个大型纵横制自动电话交换机投入商用。从此，人类进入了纵横制交换机时代。纵横制和步进制都是电磁方式与机械方式相结合，都属于机电制自动电话交换机。从原理上看，纵横制自动电话交换机与当初人工交换机的棋盘格大同小异，只不过工艺水平更高而已；从实用角度看，纵横制自动电话交换机确实算得上一次飞跃。比如，它的交换动作轻微，接触可靠，维护工作量小，杂音小，因而通话质量好，还有利于开展数据通信、用户电报、传真电报等业务。它的中继方式比较灵活，可以组成各种数量的纵线和横线中继方式，有利于提高接通率。它的交换和控制功能彼此分离，从而使通话接续电路被大大简化，控制接线电路也可公用，整体利用率得到提高。它可以迅速组成合理的网络架构。从商业角度看，纵横制自动电话交换机首次配备了专用的自动计费器，这一点对电信运营商来说很重要，毕竟大家都需要一种客观、准确的收费方法。总之，以纵横制自动电话交换机为代表的集中控制式交换方式是电信交换技术发展过程中的第一个里程碑。

随着晶体管的发明，人们开始迫不及待地在电话交换机中引入半导体技术和电子技术。由于当时的电子元器件还无法满足要求，所以就出现了过渡性的电子技术和传统机械方式相结合的交换技术，称之为半电子交换机。后来，微电子技术进一步成熟，全电子交换机终于出现了，其重要标志就是 1965 年贝尔公司推出了首台商用程控交换机。不过，用专业术语来说，这只是一种空分式程控交换机。也就是说，收发双方在打电话时，他们将占用一对线路，占用一个空间位置，一直到此次通话结束为止。又过了 5 年，1970 年法国才开通了全球第一部时分式程控数字交换机，即利用同一物理连接的不同时段来传输不同的信号，将整个信道的时间划分成若干碎片，并将这些碎片分配给每一个信号源。形象地说，若采用时分式程控交换机，收发双方将不再独占任何一对线路，从而可以提高信道利用率。在他们通话的间隙，其他人也可使用他们的话路。程控交换可谓是电信交换技术发展过程中的第二个里程碑，它标志着人类开始进入了数字交换新时代。由于程控交换机的交换运作是由计算机控制的，所以其优点很多。从技术上看，除了语音业务外，它还能提供若干新功能，如缩位拨号、来电显示、叫醒业务、呼叫转移、呼叫等待等；它的接续速度快，效率高，声音清晰，质量可靠；它的交换能力很强，甚至可以同时为上万对用户提供交换服务；它的维护管理很方便，这是因为它可通过程序对故障进行自动检测和定位；它的灵活度很大，若需增加新业务，只需适当改变软件就行了；它还可以随时利用电子器件的新成果，提高整机的先进性。从经济上看，程控交换机的优越性至少包括：由于采用了电子器件，设备的体积可以很小，占用的机房面积也很小，只相当于纵横制自动电话交换机所占面积的 10%；耗电很少，这是因为它用电子元器件代替了过去的机械部件；

成本很低，这得益于集成电路价格的迅速降低；用户线路数大幅减少，这得益于其远端用户模块方式；维护简单，这是由于它的故障检测和诊断都已自动化，省去了许多维护工作，安装也很方便；生产效率很高，这是因为制造工艺被简化了。

到了 20 世纪 80 年代，随着计算机的普及和互联网的兴起，交换技术也不断上台阶，从空分到时分，再到频分。频分是指将信道的可用带宽分割成若干频段，以便各个用户都能分享到自己的频段子信道，从而使得信道的利用率越来越高。通信介质也从电缆逐渐变成光缆。程控交换与数字传输技术相结合，构成了综合业务数字网（ISDN），它甚至能通过普通的铜缆以更高的速率和质量传输语音和数据，不仅能实现电话交换，而且能实现传真、数据、图像通信等交换业务。从此以后，电话网络与计算机网络便开始逐步融合，并最终以软交换收尾，彻底完成了融合过程，只留下一些非技术性的区别。于是，通信的多媒体时代正式到来。然而，在所有这些令人眼花缭乱的外观变化中，真正的幕后英雄其实是交换技术的演变，即从电路交换到报文交换，再到分组交换。所以，下面简要归纳一下交换的这三个阶段。

首先看看电路交换。这是使用时间最长的百年经典电话交换技术。实际上，在 ISDN 之前（包括 ISDN）的所有电话交换都是电路交换，在通信之前要在收发双方之间建立一条被独占的物理通路。

其次来看看报文交换。报文交换技术诞生于 1961 年，每次都发送一整条报文，而且一次一跳，即对每条报文都进行独立的交换处理。报文交换的过程可以简化为：先存储接收到的报文，判断其目标地址以选择路由，然后在下一跳的路由空闲时，将数据转发给下一跳的路由。所以，报文交换也称为存储转发交换。网络中的每个结点都接收整个报文，检查目标结点地址，然后根据网络中的交通情况，在适当的时候将报文转发到下一个结点。这样，经过多次存储转发，最后到达目标。在报文交换中，每个交换结点都需要足够大的存储空间，用以缓存收到的长报文。此外，交换结点必须对各个方向上收到的报文进行排队，并寻找下一个转发结点，然后再将报文转发出去，所有这些工作都将产生排队等待延迟。比如，电子邮件系统最适合采用报文交换方式。

最后再来看看分组交换。与报文交换类似，分组交换仍采用存储转发方式，但将一个长报文分割成了若干个较短的分组，然后把这些分组（携带源、目标地址和编号信息）逐个发送出去。

总之，若需传送大量数据，而且其传送时间远大于呼叫时间，则宜采用电路交换；若端到端的通路由很多段链路组成，则宜采用分组交换。从提高整个网络的信道利用率上看，报文交换和分组交换优于电路交换，其中分组交换的时延比报文交换小。